WILHELM CANARIS

WILHELM CANARIS

Ein neuer Blick, eine Annäherung und eine persönliche Wiedergutmachung

Herausgegeben von

Isabel Traenckner-Probst
Heiko Suhr

Gemeindeabend, 14. Juni 2019, Johanneskirche Schlachtensee
(Evangelische Kirchengemeinde Schlachtensee, Berlin)

Bibliografische Information der Deutschen Nationalbibliothek:
Die Deutsche Nationalbibliothek verzeichnet diese Publikation in der
Deutschen Nationalbibliografie; detaillierte bibliografische Daten sind
im Internet über http://dnb.dnb.de abrufbar.

© 2020 Dr. med. Isabel Traenckner-Probst (Hrsg.) und
Heiko Suhr, M.A. (Hrsg.)

Gestaltung: Volker Altrock

Fotonachweise: Abb. 1–6, 8, 10, Cover: Privatarchiv Isabel Traenckner-
Probst; Abb. 7: Reiner Probst; Abb. 9: Library of Congress, Washington,
D.C.; Abb. 11: Heiko Suhr. Das Kopieren, die Wiedergabe oder
Veröffentlichung der abgebildeten Fotografien ist in jeglichen Medien
nicht gestattet.

Herstellung und Verlag: BoD – Books on Demand, Norderstedt

ISBN: 978-3-7519-5705-2

Inhaltsverzeichnis

VORWORT

Dirk Jordan

V on 1936 bis 1944 lebte Wilhelm Canaris mit seiner
Familie in Berlin in der Betazeile 17, dem heutigen
Waldsängerpfad, und war Mitglied der Evangelischen
Gemeinde Schlachtensee. Canaris hatte als Chef des
militärischen Nachrichtendienstes zunächst eine hohe
Position im nationalsozialistischen System inne, nahm aber
spätestens seit 1938 eine wichtige Funktion im Widerstand
ein und gab durch sein Amt vielen Widerstandsakteuren –
so auch Hans Oster, Hans von Dohnanyi und Dietrich
Bonhoeffer – seine Rückendeckung. Er konnte verfolgten
Juden Schutz vor der Gestapo bieten und ihre Ausreise –
z.B. im Rahmen des „Unternehmen Sieben" – aus
Deutschland ermöglichen.

Am 9. April 2016 hatte die evangelische Kirchengemeinde
Schlachtensee zu einem ersten Gemeindeabend
eingeladen, um zu hören und zu besprechen, wie mit einer
solchen, sicher nicht einfach zu bewertenden
Persönlichkeit und seiner Lebensleistung umzugehen und

er als Gemeindemitglied zu sehen sei. Diesen und anderen Fragen konnte mit Hilfe eines Vortrags des jungen Historikers Heiko Suhr nachgegangen werden, der damals noch an seiner Dissertation über Wilhelm Canaris arbeitete und uns einen Zugang zu dem Menschen Canaris aus kritisch-wissenschaftlicher Perspektive ermöglicht hat. Sein damaliger Vortrag ist auf der Gemeindeseite unter https://www.gemeinde-schlachtensee.de/gruppen/thematische-gruppen/ag-spurensuche/canaris.html nachzulesen.

Es schloss sich ein lebendiger Diskussionsabend an, in dem auch kritische Fragen und Bemerkungen ihren Raum hatten, und Überlegungen über ein angemessenes Gedenken an Wilhelm Canaris innerhalb der Gemeinde diskutiert wurden.

Direkt nach dem Gemeindeabend 2016 wurde ein Fund aus persönlichen Dokumenten an die Nachkommen der Familie herangetragen, der überwiegend Briefe von Erika Canaris an ihren Ehemann enthielt, wodurch einige entscheidende Thesen in der Dissertation von Heiko Suhr über die Biografie von Admiral Canaris wissenschaftlich belegt werden konnten, beispielsweise dass Canaris 1919 nicht an der Ermordung von Rosa Luxemburg und Karl Liebknecht beteiligt war und auch dem Mörder nicht zur Flucht verholfen hat.

Nach Abschluss der Dissertation von Heiko Suhr hatte die Gemeinde am 14. Juni 2019 erneut die Möglichkeit, weitere Erkenntnisse über Wilhelm Canaris, seine

Sozialisierung und seine Persönlichkeit durch einen zweiten Vortrag von ihm zu hören. Zugleich wurden an diesem Tag der Familie persönliche Erinnerungsgegenstände zurückgegeben, die nach Kriegsende von amerikanischen Soldaten aus dem Haus im Waldsängerpfad mit in die USA genommen worden waren.

Über die Bedeutung dieses Schrittes für die Familie sprach an diesem zweiten Gemeindeabend die Urgroßnichte von Wilhelm Canaris, Frau Isabel Traenckner-Probst.

In diesem Buch sollen die Andacht von Herrn Pfarrer Michael Juschka, der Vortrag von Herrn Suhr sowie die Ansprache und ein persönliches Nachwort von Frau Traenckner-Probst zum Nachlesen und Nachdenken zur Verfügung gestellt werden.

Anhand der Biografie von Admiral Wilhelm Canaris und der Betrachtung seiner familiären Situation wird versucht, exemplarisch aufzuzeigen, wie sehr es sich lohnen kann, das Leben und Wirken eines Menschen, der in drei entscheidenden politischen Systemen gelebt und an entscheidender Position gewirkt hat, aus der heutigen Perspektive noch einmal neu zu betrachten. Mit dem Abstand von 75 Jahren nach Beendigung des Zweiten Weltkrieges können wir heute einen vielschichtigen Blick auf die Sozialisierung und Prägung von Tätern, Opfern sowie Menschen im Widerstand werfen, um individuelle Beweggründe für ihr Denken und Handeln besser zu verstehen und ihre Motivation vor dem Hintergrund ihrer persönlichen Biografie und familiären Situation einzuordnen. Diese Betrachtungen sind insbesondere vor dem Hintergrund aktueller politischer Entwicklungen von großer Bedeutung.

ANDACHT

Pfarrer Michael Juschka

Ich begrüße Sie alle ganz herzlich in der Johanneskirche Schlachtensee, in der wir die Veranstaltung zu Wilhelm Canaris mit einer Andacht beginnen wollen.

Unsere erste Veranstaltung zu der Person Canaris am 9. April 2016 löste Vieles aus. Bislang verborgene Funde kamen ans Licht. Unter anderem wurde ein Koffer mit persönlichen Gegenständen, der Wilhelm Canaris gehörte und in die USA gelangt war, heute feierlich an die Familie zurückgegeben. Im Vorfeld war eine persönliche Verbindung zwischen Frau Traenckner-Probst und Herrn McDonald aus Amerika entstanden. Wir freuen uns sehr, Herrn Bill McDonald mit seiner Tochter Julia heute hier begrüßen zu dürfen. Thanks for coming.

Das Pfingstfest, an dem wir das Kommen der heilmachenden Geistkraft gefeiert haben, liegt nur wenige Tage zurück. Der pfingstliche Geist stößt an, bringt in Bewegung und weht in überraschenden Momenten. Die

11

gesamte Kirche bedarf dieses Prozesses, um sich irritieren und trösten, verunsichern und neu ausrichten zu lassen. Glücklich die Kirche, die sich selbst in Frage stellt, die nie aufhört zu suchen. Glücklich die Kirche, die den Menschen neue Zuversicht schenkt, die Frieden und Gerechtigkeit in die Tat umsetzt. Nur in der Sicherheit geliebt zu sein, eine Würde zu besitzen und bei Gott geborgen zu sein, wagt das Herz des Einzelnen oder der Kirche, sich zu öffnen. „Komm, o komm, du Geist des Lebens".

Liebe Menschen guten Willens, ich habe von Frau Traenckner-Probst Briefe von Erika Canaris erhalten, die sie nach dem Tod ihres Mannes an verschiedene Personen geschrieben hat. Meinen Fokus werde ich auf drei Aspekte legen, die mich beim Lesen besonders bewegt haben. Der erste Aspekt kreist um ihr Gefühl seelischer Unruhe und der Sehnsucht nach einem inneren Frieden. Der zweite Aspekt handelt von ihrer Gefangenschaft, ihrem Ausgeliefertsein an die sie bedrängende Gegenwart. Im dritten und letzten Aspekt will ich von ihrer Hoffnung erzählen, die sie im Schauen auf die nächsten Generationen geäußert hat. Im Blick auf ihre eigenen Kinder konnte Frau Canaris ihre Resignation ein Stück weit überwinden. Was hat es auf sich mit einer Seele, die von quälender Ruhelosigkeit durchzogen ist und sich nichts sehnlicher wünscht, als Ruhe zu finden.

Am 9. April 1945 wurden Wilhelm Canaris und Dietrich Bonhoeffer in Flossenbürg hingerichtet. Erika Canaris schrieb kurz nach dem ersten Todestag, am 15. April 1946 an Hans Gisevius, der ihr zum Gedenken an ihren Mann geschrieben hatte, folgende Zeilen:

„Es war ein schwerer Tag, und ich war froh, dass gute Freunde bei mir waren und mir darüber hinweggeholfen haben. Es ist alles immer wieder unfasslich, und man kommt nicht zur Ruhe darüber. Ich möchte oft am liebsten in die Einöde entfliehen und nichts mehr hören von den Ereignissen. Jeder andere kommt einmal zur Ruhe mit seiner Trauer. Aber in meinem Fall wird immer wieder von Neuem alles aufgerührt."

Und zwei Monate später schrieb sie wieder an Gisevius:

„Ich soll nun auch endlich einen Ausweis als Hinterbliebene eines politisch Verfolgten und Opfers des Faschismus bekommen, sodass dann hoffentlich die üblen Anrempeleien, die mich so viel Nerven kosten, aufhören werden. Ich will für meine Person ja gar keine Sondervergünstigungen – ich will arbeiten und mich auf eigene Füße stellen, aber ich muss endlich einmal zur Ruhe kommen."

Die Briefzitate geben Auskunft über eine individuell und biografisch begründete Unruhe von Frau Canaris. Diese hier zu analysieren und zu deuten, liegt mir für eine Andacht fern. Aber das Gefühl, nicht zur Ruhe zu kommen, über erlebtes und empfundenes Unrecht nicht mehr hinwegzukommen, sodass es den Schlaf kostet und dann mehr und mehr das Leben körperlich und seelisch angreift,

13

dieses Gefühl ist den meisten Menschen vertraut. Es kann sich so anfühlen, als wäre etwas bis zum Zerreißen in uns wirksam, ohne dass wir die Möglichkeit hätten, beruhigend darauf einzuwirken.

Wie gehen Menschen mit solchen Zerreißproben um? Wie verwandeln Sie schwere innere Unruhe in etwas Erträgliches? Wie schaffen Sie das?

Die biblischen Psalmen erzählen von einer zutiefst ersehnten Ruhe inmitten einer bedrängenden Unruhe. In Psalm 22,3 beispielsweise steht: „Mein Gott, des Tages rufe ich, doch antwortest du nicht, und des Nachts, doch finde ich keine Ruhe." Psalm 55,7 spricht wie Frau Canaris von dem Wunsch, weit weg zu sein: „Ich sprach: O hätte ich Flügel wie Tauben, dass ich wegflöge und Ruhe fände!" Die Beterin von Psalm 55,19 hofft auf das Ende der Feinde und betet: „Er erlöst mich von denen, die an mich wollen, und schafft mir Ruhe; denn ihrer sind viele wider mich."

Gibt es bei Dietrich Bonhoeffer etwas zu lernen, um von der Unruhe zur Ruhe zu kommen? Für seine Mitgefangenen schrieb Bonhoeffer im Tegeler Gefängnis ein Morgengebet. Ich lese uns einen Teil seines Gebets. Es beginnt mit dem Wissen um die eigene Schwäche und die Zuversicht in das, was Gott daraus machen kann:

„Gott, zu Dir rufe ich in der Frühe des Tages. Hilf mir beten und meine Gedanken sammeln zu Dir; ich kann es nicht allein. In mir ist es finster, aber bei Dir ist das Licht; ich bin *einsam, aber Du verlässt mich nicht; ich bin kleinmütig, aber bei Dir ist die Hilfe; ich bin unruhig, aber bei Dir ist der Friede; in mir ist Bitterkeit, aber bei Dir ist die Geduld; ich verstehe Deine Wege nicht, aber Du weißt den Weg für mich."*

Bonhoeffer konnte seine eigene Zerrissenheit ordnen. Kleinmut, Unruhe, Bitterkeit und Perspektivlosigkeit lagen in ihm. Hilfe, Friede, Geduld und einen Weg, der genau für ihn richtig sein würde, erwartete er von Gott.

Das Gegründet-Sein in Gott und eine dialektische Sicht auf sich selbst gaben ihm Mut, nicht bei dem zu verharren, was ihn klein machte, runterzog oder gefühllos werden ließ. Der Glaube, dass ein anderer noch einmal anders auf ihn schaute, gab ihm die Möglichkeit, von seiner Unruhe zu sprechen und sich doch von Gottes Frieden umgeben zu fühlen, obwohl jede Realität dagegen zu sprechen schien.

Und so komme ich zum zweiten Aspekt, der Gefangenschaft in sich selbst, gerade in Momenten der Unruhe, der Anfechtung, der Verzweiflung. Am 3. Juni 1946 schrieb Erika Canaris zu einem von Hans Gisevius veröffentlichten Buch:

„Es ist ja erst wenige Monate her, seit ich die Katastrophe erfuhr, und das ist eine zu kurze Zeit, um ein solches Erleben soweit überwunden zu haben, um ‚objektiv' genug sein zu können. Ich muss es erst lernen, die Dinge ganz zu trennen, was vielleicht nie ganz möglich sein wird."

Am 23. Mai 1946 schrieb sie an Frau Schrader, die Witwe eines Mitglieds im Widerstand:

„Damals waren wir alle so voller Hoffnung auf eine baldige Änderung der Dinge zum Besseren. Dass es nicht hat sein sollen wird ewig unbegreiflich sein. Das Schicksal hat uns durch dunkle Tage geführt, und täglich hat man zu kämpfen um Ergebung in diesem unerforschlichen Willen - mag man ihn nennen, wie man will. Man weiß nur als letztes Resultat allen Denkens und Grübelns: dass man stehen und standhalten muss bis zum Letzten, wie unsere tapferen Männer es taten, sodass sie mit uns zufrieden wären. Aber es ist schwer, bitterschwer."

Bitterkeit und zu schwere Lasten sind Motive, die von biblischen BeterInnen immer wieder beklagt wurden. Hiob klagte sogar Gott an und sagte (Hi 9,18): „Er lässt mich nicht Atem schöpfen, sondern sättigt mich mit Bitternis". Bitteres Leiden wirkt sich körperlich aus. So sprach die Beterin in Psalm 69,11: „Ich weine bitterlich und faste, und man spottet meiner dazu." Nicht selten wird mit schweren Lasten auch eigene Schuld verbunden. So heißt es in Psalm 38,5: „Denn meine Sünden gehen über mein Haupt; wie eine schwere Last sind sie mir zu schwer geworden." Und doch durchzieht den Psalter die Gewissheit, dass Gott eine Grenze nicht überschreiten wird. Ein Bekenntnis der Zuversicht in einer schweren, bitterschweren Situation lautet in Psalm 68,20: „Gelobt sei der Herr täglich. Gott legt uns eine Last auf, aber er hilft uns auch."

Wie benennen wir Ereignisse, deren Zusammenhänge wir nicht durchschauen? Sagen wir „Schicksal" und meinen den Zufall? Oder meinen wir „Vorsehung" und wissen nicht, ob dahinter eine gütige oder gefühlskalte Macht steckt? Können wir so beten, wie Bonhoeffer es in seinem Morgengebet für die Gefangenen tun konnte? „Vater im Himmel, Lob und Dank sei Dir für die Ruhe der Nacht; Lob und Dank sei Dir für den neuen Tag. Lob und Dank sei Dir für alle Deine Güte und Treue in meinem vergangenen Leben. Du hast mir viel Gutes erwiesen, lass mich nun auch das Schwere aus Deiner Hand hinnehmen. Du wirst mir nicht mehr auflegen, als ich tragen kann. Du lässt Deinen Kindern alle Dinge zum Besten dienen."

Bonhoeffer hielt seine gegensätzlichen Erfahrungen von Glück und Leid, Angst und Hilfe, Einsamkeit und seine Verbundenheit mit den Menschen und Gott zusammen. Er wollte und konnte Gott nicht aufteilen, wie es vielfach geschah und geschieht, indem die guten Erlebnisse einem liebevollen Gott und die grausamen, leidvollen Ereignisse einem Demiurgen, einer kalten Schicksalsmacht oder einem Widersacher Gottes zugeschrieben werden. Trotz bedrückender Tage, quälender Selbstzweifel und einer tiefen Sorge um das Leben geliebter Menschen begann sein Gebet mit einem Lob des Vaters im Himmel, der viel Gutes geschenkt hat. Und dieser Vater im Himmel war es für ihn auch, der das Schwere in seinen Händen hält und auf sein Menschenkind achtet. „Du vergisst mich nicht" war Bonhoeffers Glaubenszuversicht, weil es keine andere Macht für ihn gab, die letztlich die Wege bestimmen wird.

Das atmet Weite gegenüber den engen Zellenwänden, gegenüber der eigenen Angst und vor allem gegenüber der scheinbar omnipräsenten Gewaltherrschaft der Nationalsozialisten.

Den dritten und letzten Aspekt, der von der Hoffnung erzählt, will ich ganz kurz halten. Es ist eine Hoffnung, die aus der Verantwortung für andere erwächst. Frau Canaris nannte immer wieder die Kinder oder die Jugend als Grund weiterzumachen, zu kämpfen und nicht aufzugeben. „Wir kämpfen ja für unsere Kinder, um die richtige Einschätzung der Arbeit ihrer Väter." Oder: „Die Jugend hat es schwer, denn noch sind fast alle Wege zum Weiterkommen verbaut. Aber sie hat in sich eine wunderbare Kraft der Hoffnung und Zuversicht. Die muss man ihr erhalten. Und darum dürfen wir uns nicht unserer Trauer hingeben."

Die „Ruhe" ist in der Bibel ein Begriff der Verheißung. Das Volk Israel war immer auf dem Weg zur versprochenen Ruhe. Und wie sah diese aus? Der Prophet Jesaja verkündete es so (Jes 32,17): „Die Frucht der Gerechtigkeit wird Friede sein, und der Ertrag der Gerechtigkeit wird Ruhe und Sicherheit sein auf ewig, dass mein Volk in friedlichen Auen wohnen wird, in sicheren Wohnungen und in sorgloser Ruhe." Um Unruhe, Schwere und Bitterkeit im Leben standzuhalten, braucht es ein Ziel, auf das hin letzte Kräfte mobilisiert werden können. Derzeit bedrängt Kinder, Jugendliche und junge Erwachsene, wie die wunderbare Schöpfung bewahrt werden kann. Niemand wird bestreiten, dass Frieden und Gerechtigkeit die Pfeiler bleiben, auf denen sich sorglose Ruhe erst ausbreiten kann. Wir sind unterwegs und nicht am Ziel. Wie können wir mit dem Vorläufigen, Unruhigen, Schweren leben?

Wie konnte Erika Canaris und wie konnten Menschen in ähnlicher Bedrängnis Zuversicht finden? Wir können nicht verhindern, in Lebenssituationen überfordert, ängstlich und unruhig zu sein. Wir werden immer ein Stück weit im Hier und Jetzt gefangen bleiben, weil wir Vergangenheit und Zukunft nicht durchschauen. Wir werden in einem auch noch so gesicherten Leben nicht endgültig ruhen können, sondern nur Atem holen, um Frieden zu schaffen und der Gerechtigkeit den Weg zu bahnen. Wir bleiben auf Gnade angewiesene Menschen.

Bonhoeffer betete: „Herr, erbarme Dich, und lass mich derzeit so leben, wie ich es vor Dir und vor den Menschen verantworten kann."

Amen.

BEGRÜßUNG UND ANSPRACHE

Isabel Traenckner-Probst

Sehr geehrter Herr Pfarrer Juschka, sehr geehrter Herr Jordan, sehr geehrte Angehörige der Stiftung 20. Juli, sehr geehrter Herr Suhr, liebe Familie, liebe Gäste und dear Julia and Bill. Mein Name ist Isabel Traenckner-Probst. Ich möchte Sie als eine Angehörige der Familie Canaris sehr herzlich begrüßen.

Was Sie jetzt erwartet, ist etwas sehr Persönliches. Vielleicht verwundert Sie meine Ausführlichkeit. Ich werde einen größeren Bogen spannen, um die Tragweite der Wirkung von traumatischen Erlebnissen in einer Generation für alle weiteren Familienmitglieder exemplarisch an unserer Familiengeschichte aufzuzeigen.

Meine Urgroßmutter Anna Canaris war die Schwester von Wilhelm Canaris. Meine Mutter war seine Großnichte und sein Patenkind. Meine Großmutter hatte eine besonders vertrauensvolle Beziehung zu ihrem „Onkel Wilhelm", denn beide hatten ihre Väter sehr früh verloren, sodass Wilhelm Canaris der väterliche Lebensberater für sie wurde.

Meine Großeltern lebten mit ihren fünf Kindern in ihrem Haus am Hohenzollerndamm in Berlin und bekamen regelmäßig Besuch von Wilhelm Canaris. Meine im Jahr 1933 geborene Mutter erinnert sich noch daran, dass „Onkel Wilhelm", obwohl er mit dicken Reitstiefeln aus dem Wald kam, immer leise und zurückhaltend war, und dass man ihn in seiner stillen Art kaum wahrnahm.

Er zog sich oft mit meinen Großeltern in ein Zimmer zurück. Von dort kam meine Großmutter immer sehr traurig und ernst zurück, mein Großvater sorgenvoll und schweigsam.

Als ihr ältester Sohn Max, der in der Schule durch besondere Intelligenz aufgefallen war, 1941 für eine Schule der Napola ausgewählt wurde, schaltete sich der Onkel ein. Die Napola war die nationalpolitische Erziehungsanstalt, ein Internat, in der die Elite der Nationalsozialisten ausgebildet wurde. Wilhelm Canaris riet den Eltern dringend von dieser Schule ab und konnte verhindern, dass Max dorthin musste.

Meine Großmutter litt seit 1944 sehr unter der Verhaftung ihres Onkels, hatte schreckliche Angst um ihn, weil sie als enge Vertraute um seine Widerstandsaktivitäten wusste und erahnte, was ihn in der Haft erwartete. Sie erfuhr von seiner Ermordung erst viele Monate nach seinem Tod.

1: Meine Großmutter Barbara Hoseit mit ihrem Onkel Wilhelm Canaris

Sie war immer eine tüchtige, liebevolle Mutter und starke, zupackende Persönlichkeit gewesen, die ihre fünf Kinder, ihre Mutter Anna Canaris und viele andere hilfsbedürftige

Menschen verantwortungsvoll und mutig versorgt und trotz mehrerer Evakuierungen die Familie zusammengehalten hatte. Nach der Ermordung ihres Onkels wurde meine Großmutter seelisch krank und erholte sich bis ins hohe Alter nicht.

Als meine Mutter erfuhr, dass ihr Patenonkel ermordet wurde, war sie zwölf Jahre alt. Für sie war es ein zusätzlicher Schock zu erfahren, dass ihr Onkel Wilhelm auf grausame Weise erhängt worden war. Sie und ihre vier Geschwister haben sehr darunter gelitten, dass ihre Mutter seit dieser Zeit oft tief traurig und nicht mehr belastbar war. Meine Mutter wurde schon als Jugendliche sehr ernst und nahm als erstgeborene Tochter lebenslang viel Last auf sich.

Mir persönlich ist meine Großmutter von unseren Besuchen in ihrem Haus in Konstanz in Erinnerung. Ich habe sie als Kind als eine sehr zarte Person wahrgenommen, die sich, in ein feines Spitzennachthemd gekleidet, überwiegend im Bett aufhalten musste. Sie erzählte mir immer wieder, dass sie schwer krank sei, viele schmerzhafte Herzinfarkte überlebt hätte und dass sie deswegen viele Tabletten einnehmen müsse und zu schwach sei, um zu laufen.

Erst später habe ich verstanden, dass sie keine Herzerkrankung hatte, sondern dass ihr Herz durch den seelischen Schmerz über das Schicksal ihres Onkels gebrochen war. Zeitlebens las sie alle Veröffentlichungen

2: Meine Großmutter Barbara Hoseit mit ihren fünf Kindern

über ihn. Es quälten sie besonders viele fehlerhafte und zum Teil einseitige Darstellungen und undifferenzierte Zuschreibungen der Presse über Wilhelm Canaris. Meine

Großeltern unterstützten lebenslang die hinterbliebene Ehefrau und die Töchter von Wilhelm Canaris. Erst als meine Großmutter in sehr hohem Alter zu vergessen anfing und in einem Seniorenheim lebte, fing sie plötzlich wieder an zu laufen. Sie war unter dem Namen „Oma Speedy" bekannt, weil sie schneller lief und gesünder war als die anderen Senioren.

Ich möchte an dieser Stelle versuchen, die Tragweite des Zweiten Weltkrieges für die Nachkommen in seiner Vielschichtigkeit aufzuzeigen.

Jeder von uns hat zwei Elternteile mit meist sehr unterschiedlichen biografischen Hintergründen. Daher möchte ich an dieser Stelle exemplarisch auch kurz auf die Biografie meines eigenen Vaters eingehen. Er wurde 1915 zusammen mit seinem eineiigen Zwillingsbruder in Berlin-Steglitz geboren. Die beiden Jungs verloren im Alter von 14 Jahren ihre Mutter. Der Bruder meines Vaters wurde Offizier, er selbst studierte Jura und Humanmedizin und promovierte in beiden Fächern.

Mein Vater und sein Bruder wurden mit Beginn des Krieges eingezogen. Als junger Truppenarzt wurde mein Vater dreimal an der russischen Front lebensgefährlich verletzt. Sein eineiiger Zwillingsbruder fiel 1941 bei der Umklammerung Moskaus.

Mein Vater wurde ein ruhiger, liebenswürdiger, aber schweigsamer und ernster, in sich gekehrter Mensch.

3: Mein Vater Karl Hermann Traenckner mit seinem Zwillingsbruder

Heute kann ich verstehen, warum er nie mehr als praktischer Arzt arbeitete, sondern sich als Ministerialrat für die Prävention und Rehabilitation in Deutschland einsetzte. Zuhause erlebte man meinen Vater auch in seiner Freizeit hinter dicken Aktenbergen verborgen, stets gewissenhaft am Schreibtisch arbeitend. Sein letztes Buch über Prävention im Kindesalter erschien eine Woche vor seinem

Tod im Alter von 82 Jahren. Für mich selbst war er ein abwesender Vater, emotional in sich gefangen, und war mit meiner lebendigen und fordernden Art überfordert. Meine Mutter sagte immer, ich sei zu anstrengend für ihn.

Erst als ich im Rahmen meiner Berufsausbildung im Alter von 28 Jahren als Ärztin in der Weiterbildung zur Psychotherapeutin eine Psychoanalyse machte, fing ich an, die Geschichte meiner Eltern wirklich leiblich zu begreifen und konnte nachvollziehen, was meine Großeltern und beide Eltern für unterschiedliche Erziehungsstile erfahren und Traumatisierungen erlitten hatten und wie sich diese vielschichtigen Verwundungen bis in meine eigene Generation fortgesetzt hatten.

Mein Vater konnte sich mir einige Jahre vor seinem Tod in Gesprächen noch teilweise öffnen. Ich spürte deutlich, dass er seine Erlebnisse an der Front und im Lazarett nicht verbal schildern konnte und den Tod seines eineiigen Zwillingsbruders nie überwunden hatte. Er fand keine Worte für seine Trauer um den Zwillingsbruder, aber wenn er von seinen Erinnerungen aus Kindheit und Jugend erzählte, wurde er plötzlich lebhaft und erzählte mit einem schalkhaften Lächeln von ihren Jugendstreichen. Obwohl in den Gesprächen vieles unausgesprochen bleiben musste, bin ich unendlich dankbar für diese Annäherung. Er hatte bis dahin nur eine enge Beziehung zu meinem ein Jahr älteren Bruder gehabt. Im Alter von 78 Jahren fing er an, einen Zugang zu mir als seiner Tochter zu finden und ich konnte ihn und sein Wesen endlich verstehen.

4: Mein Vater Karl Hermann Traenckner

Meine Mutter, heute 85-jährig, sitzt unter Ihnen, zusammen mit weiteren Nachkommen der Familie Canaris. Sie hat in den letzten Jahren sicher dreihundert Seiten handgeschriebene Briefe der Familie Canaris aus der altdeutschen Schrift abgeschrieben und die seelische Belastung der Ehefrau Erika und der beiden Töchter noch einmal nachvollzogen. Davon werden Sie gleich hören. Diese Arbeit hat viel Kraft gekostet und sie in hohem Alter noch einmal mit ihrer eigenen Geschichte konfrontiert, aber sie ist mutig und tapfer an diese Aufgabe herangegangen. Sie ist heute erleichtert, den Ursprung ihrer familiären Traumatisierung noch einmal angesehen, und ihr späteres Leben vor diesem Hintergrund betrachtet zu haben.

Ausgehend von den Ursprüngen der Belastung meiner Mutter und Großmutter habe ich damals Kontakt zu meiner Großtante – der Tochter von Wilhelm Canaris, Brigitte Canaris – gesucht. Sie lebte sehr einfach, zurückgezogen und bescheiden als Geigenlehrerin in Hamburg-Volksdorf. Diese Beziehung wurde zu einer sensiblen Freundschaft, jedoch wurde mir rasch bewusst, dass Brigitte zeitlebens zu sehr unter dem gewaltsamen Tod, sowie unter vielzähligen Fehl- und Falschdarstellungen der Rolle ihres Vaters in der deutschen Geschichte gelitten hatte.

Nicht allein die Kriegserlebnisse, die Entwurzelung und der Verlust des Vaters, sondern besonders die Zeit nach dem Krieg, in der sie, ihre Mutter und die behinderte Schwester sich als Familie eines Vaterlandsverräters noch lange verstecken mussten und in großer Not befanden, war zu einer lebenslangen, schweren seelischen Last geworden.

Eine erneute Reaktivierung ihres Traumas durch aktive Bemühungen um eine Richtigstellung der Bedeutung der Rolle ihres Vaters für die deutsche Geschichtsschreibung hätte Brigitte nicht verkraftet.

An dieser Stelle werde ich Ihnen endlich ausführlicher von der Familie Canaris berichten. Ich möchte dabei mehr auf die Frauen der Familie eingehen, während Herr Suhr sich in seinem Vortrag auf Wilhelm Canaris konzentrieren wird.

Erika und Wilhelm Canaris zogen im September 1936 in ihr eigenes Haus im heutigen Waldsängerpfad 17 (früher Betazeile) und waren Mitglieder der Evangelischen Gemeinde Schlachtensee.

In der direkten Nachbarschaft wirkte Erika in unauffälliger Vermittlungsposition im Widerstand mit. So wurde u.a. die Befreiung ihrer Nachbarn Trude und Fritz Wisten (Leiter des Jüdischen Kulturbundes) aus dem Gefängnis möglich, nachdem die Kinder Susanne und Eva eines Tages allein zurückgeblieben waren und Hilfe bei ihrer Nachbarin Erika suchten.

Erika und Wilhelm Canaris hatten ebenfalls zwei Töchter, Eva und Brigitte. Die Behinderung von Eva, die seit dem fünften Lebensjahr an den neurologischen Folgen einer Masernencephalitis litt, stellte besonders durch die

Nachbarschaft zu Familie Heydrich eine große Gefahr dar, sodass sie früh in einem anthroposophischen Heim untergebracht werden musste.

Rechtzeitig vor dem 20. Juli 1944 waren Erika und Brigitte nach Riederau an den Ammersee gebracht worden. Brigitte war damals 18 Jahre alt.

Wilhelm Canaris wurde – kurz nach dem Attentat Stauffenbergs – am 23. Juli 1944 inhaftiert, das Haus in der damaligen Betazeile beschlagnahmt.

Am 9. April 1945 wurde Wilhelm Canaris im Konzentrationslager Flossenbürg erhängt. Mit ihm gaben auch Pastor Dr. Dietrich Bonhoeffer, Generalmajor Hans Oster, Hauptmann Ludwig Gehre, General Dr. Friedrich von Rabenau, Generalstabsrichter Dr. Karl Sack ihr Leben. Einige Tage später wurde auch Hauptmann Dr. Theodor Strünck ermordet. Bis zuletzt hatten sie die Hoffnung nicht aufgegeben, das Kriegsende zu erleben.

Zwei Wochen später wurde das Konzentrationslager Flossenbürg von der amerikanischen Armee befreit.

Erika und beide Töchter erfuhren erst Ende 1945 von der Ermordung ihres Ehemannes und Vaters. Sie lebten als Familienangehörige eines „Landesverräters" nach dem Krieg bis 1948 in ärmlichsten Verhältnissen mit sehr wenigen, persönlichen Besitztümern, zunächst in Riederau am Ammersee, dann in der Schweiz und in Barcelona.

5: Brigitte und Eva Canaris vor dem elterlichen Haus

Die mangelernährte, sehr zarte Brigitte litt unter einer schweren Lungenerkrankung. Evas Gesundheitszustand schwankte ständig, sodass sie trotz der schwierigen finanziellen Situation der Familie auch nach dem Krieg in unterschiedlichen Einrichtungen untergebracht werden musste.

Daneben musste die Familie ohnmächtig ertragen, dass Journalisten, Historiker und auch Zeitzeugen aus Unkenntnis oder aus ganz egoistischen Motiven nicht nur viele falsche Details aus dem Leben ihres Ehemanns und Vaters verbreiteten, sondern auch gezielt historische Ereignisse fälschten. Ein ehemaliger Mitarbeiter des Propagandaministers Joseph Goebbels behauptete – um die Schuld von sich und Reinhard Heydrich abzulenken –, Wilhelm Canaris habe den Judenstern zur Kennzeichnung Berliner Juden eingeführt. Ein Journalist hielt dieses Zeugnis für wahr und schrieb darüber. Ein Historiker zitierte diesen Artikel wiederum. Obwohl längst klar ist, dass Wilhelm Canaris nicht der Urheber war, sondern sich vehement gegen den Judenstern zur Wehr setzte, ist diese Geschichte bis heute in Biografien über Wilhelm Canaris nachzulesen.

Aus dem Jahr nach der Ermordung von Wilhelm Canaris möchte ich Ihnen einige Zeilen eines Briefes von Erika Canaris vorlesen. Keines meiner Worte könnte die Situation der zurückgebliebenen Angehörigen eines Widerstandsmitglieds besser verdeutlichen. Erika schreibt nach dem ersten Todestag ihres Mannes im April 1946 an

Hans Bernd Gisevius (Widerstandsmitglied und Autor mehrerer Bücher zum Widerstand):

„Lieber Herr Gisevius,

Haben Sie herzlichen Dank für Ihr Gedenken zum 9. April. Es war ein schwerer Tag, und ich war froh, dass gute Freunde bei mir waren und mir darüber weggeholfen haben. Es ist alles immer wieder unfasslich, und man kommt nicht zur Ruhe darüber. Ich möchte oft am liebsten in die Einöde entfliehen und nichts mehr hören von den Ereignissen. Jeder andere kommt einmal zur Ruhe mit seiner Trauer. Aber in meinem Fall wird immer wieder von neuem alles aufgerührt, und diese Sezierversuche in der Öffentlichkeit sind für mich schrecklich. Wir werden letzten Endes das Tragische dieses Schicksals niemals in seinen letzten Tiefen ergründen. Der Sinn dieses Geschehens liegt auf einer höheren Ebene und bleibt unseren Augen in diesem irdischen Dasein verborgen. Aber trotzdem muss ich dankbar sein für jeden Versuch, das Leben meines Mannes in das wahre Licht zu rücken, seinetwillen und der Kinder wegen vor allem."

Nach der Zeit in Riederau hielten sich Erika und Brigitte in den Jahren 1948 bis 1949 bei Familienangehörigen von Wilhelms Bruder in Zürich und Ascona auf. Von dort konnten sie mit einem Visum nach Spanien reisen, wo sie bis Ende der 1950er Jahre in der Nachbarschaft deutscher Freunde in Barcelona lebten. Es war kompliziert und immer wieder finanziell schwierig für die selbst gesundheitlich stark angeschlagene Erika, Heime zu finden, in denen Eva als behindertes „Verräterkind" gut betreut wurde und in Sicherheit war. Brigitte erzählte mir, dass sogar in den 1980er Jahren ein Arzt, der ihre Schwester völlig unnötig fixiert hatte, zu ihr sagte, dass es „Kinder von Vaterlandsverrätern nicht anders verdient" hätten.

Nachdem die drei Frauen erst im Jahr 1953 ihr eigenes Grundstück im Waldsängerpfad zum ersten Mal wieder betreten durften, entschied sich Erika Canaris zum Verkauf des Hauses. Seit Kriegsende hatte sie mehrfach vergeblich versucht, Zugang zu ihrem Haus zu erlangen. An dieser Stelle springe ich zeitlich sechs Jahre zurück in den August 1947 und lese aus einem der Briefe Erikas:

„Als ich kürzlich nach langer, anstrengender Reise in Berlin vor meinem Haus stand und - es ist von Amerikanern bewohnt - konnte ich in fast drei Wochen nicht die Erlaubnis erwirken, ein einziges Mal hineinzugehen und mir ein noch vielleicht vorhandenes persönliches Andenken an meinen Mann, das für die Bewohner wertlos ist, oder einige von seinen vielleicht noch vorhandenen Büchern herauszuholen, wo mir fast nichts von meinem Mann geblieben ist. Es war eine bittere Erfahrung, aber ich bemühe mich, nicht zu verallgemeinern und mich nicht in meinen Idealen beirren zu lassen."

Ich vermute, es war im Jahre 1953 zu schlimm für Erika, als sie endlich wieder in ihrem Haus stand, aber dieses war durch unterschiedliche alliierte Soldaten abgewohnt.

6: Das Haus der Familie Canaris im Waldsängerpfad (1940er Jahre)

Gegenstände waren entwendet worden und sie war in gewisser Weise dort fremd geworden. Gleichzeitig muss sie in diesem Moment den Erinnerungen aus den Jahren vor 1944 ausgesetzt gewesen sein. Vermutlich spürte sie nun noch einmal leiblich, was sie alles verloren hatte, vor allem den Ehemann, mit dem sie das Haus gekauft hatte und dort mit ihm ihr Leben teilen wollte.

Erika und Brigitte zogen in ein unscheinbares Reihenhäuschen in den Norden Hamburgs, an dem übrigens nie das Namensschild der Familie Canaris angebracht wurde. Später lebte dort Brigitte allein, zeitlebens sehr zurückgezogen, einfach und bescheiden. Brigitte hatte bis 1972 die Sorge um ihre Mutter und musste sich all die Jahre um die richtige Unterbringung ihrer geliebten Schwester Eva kümmern, die sie im fortgeschrittenen Alter noch eigenhändig aus Bethel abholte und nach Kropp in Schleswig-Holstein brachte. Dort konnte Eva liebevoll bis zu ihrem Tod 1990 betreut werden.

Brigitte selbst hatte in Barcelona und später in Stuttgart Geige studiert und wurde eine sensible und beliebte Geigenlehrerin in Hamburg, bei der man lernen konnte, fein zu hören, differenziert und sauber zu spielen. Laute Töne mochte sie nicht.

Über die Erlebnisse im und nach dem Krieg sprach Brigitte nicht. Sie war an anderen Themen interessiert. Wir unterhielten uns über die Kunst des Bogenschießens, den Buddhismus, vor allem aber immer über klassische Musik, besonders über Bach, die Goldberg-Variationen und die Orchester, in denen sie aktiv war. Sie spielte mit Vorliebe die zweite Geige oder Bratsche, niemals die erste Geige, und hatte in ihrer feinen und stets umsichtigen Art eine wichtige Funktion in der Orchestergemeinschaft.

Bis zu ihrem Tod pflegte sie eine sehr intensive Beziehung zu den Schwestern des Klosters Regina Martyrum in Plötzensee und zum Benediktinerkloster Nütschau bei Hamburg.

Der einzige Historiker, der einen Zugang zu ihr gefunden hatte, war Heiko Suhr, zu dem sie, nach einigen Besuchen zu Tee und Kuchen, irgendwann Vertrauen gefunden hatte. Die beiden duzten sich und sie kochte vegetarische Lasagne für ihn. Er durfte Fragen stellen und sie unterstützte seine Arbeit über ihren Vater.

Brigitte verstarb am 23. Mai 2013 plötzlich und einsam in einer Klinik in Hamburg. Sie hatte dem Krankenhaus keine Angehörigen angegeben. Zwei Tage vor ihrem Tod hatte sie mich angerufen, um eine Verabredung mit meiner Familie wegen einer „kleinen Erkältung" abzusagen.

Selbst ihre Nachbarin wusste nicht, dass es Angehörige der Familie gab. Kurz bevor Brigitte anonym beerdigt werden sollte, konnte die Nachbarin in Brigittes Kalender einige Telefonnummern finden. Nur dadurch wurde es möglich, eine würdige Trauerfeier und ihre Bestattung in dem Grab von Mutter und Schwester in Kropp zu veranlassen. Ihre Nachbarin sagte bei der Trauerfeier: „Mit Frau Canaris ist etwas Großes von uns gegangen!"

Brigitte hatte kein Testament gemacht. Da Eva und Brigitte keine Kinder hatten und es dadurch keine direkten Angehörigen gab, mussten für den Erbschein alle Nachkommen der Geschwister von Wilhelm Canaris ausfindig gemacht werden, die durch den Zweiten Weltkrieg alle Fäden zueinander verloren hatten und zum Teil in den USA lebten. Im Gegensatz zu den Erwartungen gab es keinerlei Streit um das zu verteilende bescheidene

Erbe, sondern vielmehr größtes Interesse und aufrichtige Anteilnahme an Brigitte und dem Schicksal der Familie. Es stellte sich heraus, dass die Nachkommen der beiden Geschwister von Wilhelm Canaris unendlich dankbar für die wiedergefundenen Kontakte untereinander waren. In allen Familien hatte die Ermordung ihres Onkels Wilhelm Canaris neben dem Schrecken und der Trauer über seinen Tod sehr unterschiedliche, aber immer deutlich traumatisierende biografische Folgen gehabt.

Leider kam es vor Brigittes plötzlichem Tod nicht mehr zum Abschluss der Arbeit von Herrn Suhr über Wilhelm Canaris. Wir lernten ihn erst nach der Beerdigung von Brigitte Canaris kennen und fühlen uns verantwortlich, seine Arbeit in Brigittes Sinne mit Bildmaterial aus der Familie, Briefen und der Vermittlung von Zeitzeugengesprächen zu unterstützen, waren aber bemüht, ihn nicht inhaltlich zu beeinflussen.

Ich bin sicher, dass Wilhelm, Erika, Eva und Brigitte niemals so viel Aufheben um ihre Person gemacht hätten. Solch eine große Veranstaltung, wie wir sie heute hier feiern, wäre sicher nicht in ihrem Sinne gewesen. Und trotzdem habe ich das Gefühl, dass durch den Tod des letzten Familienmitgliedes die Erlaubnis und der Auftrag entstanden sind, das Schicksal der Familie Canaris aufarbeiten zu dürfen.

Ich erwähne einige Ereignisse, die uns seit dem Tod von Brigitte den Weg gezeigt haben:

Nach dem Gemeindeabend anlässlich des 71. Todestages von Dietrich Bonhoeffer und Wilhelm Canaris am 9. April 2016 wurde ein fast komplett zerstörter Aktenfund an uns herangetragen, der durch großzügige Unterstützung von Herrn Dr. Bertram Nickolay in der Abteilung für Rekonstruktionstechnologie des Fraunhoferinstitutes wieder lesbar gemacht werden konnte und persönliche Briefe beginnend im Jahr 1919 aus der Familie enthielt.

Durch eine Suchanfrage in der „Aktuell", der jüdischen Zeitschrift des Berliner Senats, kam es zu kostbaren Zuschriften von Menschen jüdischen Glaubens, die durch die Unterstützung von Wilhelm Canaris aus Deutschland flüchten konnten und überlebt haben.

Vor einem Jahr erreichte mich eine E-Mail von Bill McDonald aus Kalifornien. Er teilte mir mit, dass er zum Teil einhundert Jahre alte, historisch bedeutsame, persönliche Gegenstände aus dem Besitz von Wilhelm Canaris an die Familie zurückgeben wolle. Dieser Wunsch wurde der Anlass des heutigen Abends, den wir als einen Akt der Versöhnung erleben. Niemand von den Nachkommen der Familie Canaris hätte 74 Jahre nach Ende des Zweiten Weltkrieges mit einem solchen Ereignis gerechnet. Daher entschieden wir uns als Familie, Bill McDonald und seine Tochter Julia nach Berlin einzuladen.

Bill McDonald ist der Sohn eines Soldaten der US-Army, der ab 1945 mit seiner Ehefrau das Haus der Familie Canaris im Waldsängerpfad bewohnt und 1946 bei seiner

Rückkehr in die USA Erinnerungsgegenstände aus dem Privatbesitz von Wilhelm und Erika Canaris in die USA transferiert hat. Bills Eltern hatten im November 1945 in der Katholischen Kirche Herz Jesu in Berlin Zehlendorf geheiratet. Bill McDonald wurde 1946 nach der Rückkehr seiner Mutter in den USA geboren.

Bill McDonald wusste von den Gegenständen, die seine Eltern aus Berlin mitgebracht hatten. Er begann nach dem Tod seiner Mutter im Jahr 2001 nach Angehörigen der Familie Canaris in Deutschland zu suchen. Im Jahr 2018 gelang es ihm endlich, den Kontakt herzustellen.

Mit seinem Besuch in Berlin knüpft er als Amerikaner nun erstmals an den Ort seiner eigenen Herkunft an und führt persönliche Besitztümer der Familie Canaris an den Ort zurück, von wo seine Eltern diese vor 74 Jahren mit in die USA genommen hatten.

Es ist ihm wichtig, dass die Übergabe der Besitztümer aus dem Hause Canaris ein Akt der Versöhnung zwischen der Familie Canaris und Bills Eltern sein soll. Er möchte mit dieser Geste auch die Freundschaft zwischen Amerika und Deutschland bestärken und andere Menschen dazu ermutigen, Ähnliches zu tun.

Bill McDonald gebührt unsere allerhöchste Anerkennung für diese Wiedergutmachung, die uns Aufrichtigkeit, Verantwortung und Mitgefühl vor Augen führt. Es war mir ein Bedürfnis, zunächst in der notwendigen Ausführlichkeit

7: Übergabe der wertvollen Dokumente an die Familie Canaris (Bill McDonald und Tochter Julia in erster Reihe, links), 14. Juni 2019

über einige biografische Besonderheiten meiner Familie zu berichten. Vielleicht war dies auch wichtig, damit Sie die Ereignisse nachvollziehen können, die mich nach so vielen Jahren zur Aufarbeitung der komplexen Familienbiografie angeregt haben. Anschließend habe ich versucht, in einem großen Bogen hin zu einem entscheidenden Ursprung der Erschütterungen zu führen, nämlich zu den schrecklichen Ereignissen des Zweiten Weltkrieges und seiner bis in die heutige Zeit überdauernden Folgen.

Wir wissen heute aus vielen Biografien von Familien aus dem Widerstand, wie schwer für sie einerseits die ungerechte, grausame Ermordung des Familienmitgliedes zu verkraften war. Zusätzlich muss man sich vorstellen, dass die Kinder und Frauen des Widerstands noch in den letzten Kriegstagen als Vaterlandsverräter inhaftiert, voneinander getrennt und in Heime verschleppt wurden, dass diese Familien lange um eine Anerkennung und geringe Entschädigung für ihre zu Unrecht ermordeten Familienmitglieder kämpften und sich nicht selten bis in die 1970er Jahre als „Verräterkinder und -frauen" beschimpfen lassen mussten.

Für die Frauen der Familie Canaris war sicher speziell, dass sie einerseits das tragische Schicksal als Angehörige eines „Vaterlandsverräters" tragen mussten, aber hinzukam, dass sie die Familie des bis heute umstrittenen, nie in allen Facetten verstandenen Admirals Wilhelm Canaris waren. Außerdem war erschwerend, dass die behinderte Eva Canaris mit den sehr geringen finanziellen Möglichkeiten vor Euthanasiebestrebungen geschützt werden musste, die den Krieg noch viele Jahre und Jahrzehnte überdauerten.

Ich hoffe, dass ich mit meiner sehr persönlichen Ansprache vor allem auch die vielen anwesenden jungen Zuhörer erreicht habe und dass es mir gelungen ist, anschaulich darzustellen, was für eine Tragweite traumatische Erlebnisse und Ereignisse innerhalb einer Familie auch für die folgenden Generationen haben können.

Wie weit die Verästelungen in den Familien auch gehen, wir haben alle einen Stamm, von dem aus sich unser

Familienzweig entwickelt. Je nachdem, ob er früh gesund wachsen kann und ausreichend gestützt wird, oder ob er schwere Verletzungen erfährt, wird er alle folgenden Äste mehr oder weniger krumm oder starr oder abgeknickt oder sehr zart und verletzlich wachsen lassen, auf jeden Fall trägt er Narben, vielleicht wird er auch abbrechen.

Ich bin sicher, es ist kein Zufall, wie sich entscheidende Ereignisse in unserer Familie seit dem Tod von Brigitte Canaris aneinandergereiht haben. Ich habe den Eindruck, sie ist gestorben, damit wir uns auf die Suche machen, um Worte für das zu suchen, was ihr Vater, ihre Mutter, sie und ihre Schwester Eva sowie ihre nahen Verwandten nicht leben und aussprechen konnten. Es mussten fast 75 Jahre vergehen, bis eine Generation sich auf die Suche gemacht hat, die nicht mehr direkt von dem Trauma betroffen ist. Wir können heute mit dem nötigen persönlichen Abstand, aber auch mit einem breiteren Wissen und wesentlichen historischen Quellen noch einmal neu auf unsere Geschichte blicken. In dem Zusammenhang sehe ich auch dieses Ereignis heute. Einen Teil der Aufarbeitung und Wiedergutmachung haben wir mit dem heutigen Tage geschafft, aber es bleibt noch viel zu tun.

Ich möchte Ihnen Mut machen!

Wir alle haben in sehr unterschiedlicher Ausprägung transbiografische Traumata. Vor allem durch die Kriege unserer Vorfahren, durch Vertreibung, Flucht und Gewalt sind diese leiblich und seelisch in unseren Familien, und wie man heute weiß, auch in unserem Genmaterial verankert. Bei jedem sicher in sehr unterschiedlicher Weise. Wir sind verantwortlich dafür, dass wir uns die Biografien unserer Familie anschauen, sonst besteht die Gefahr, dass wir die gleichen Fehler innerhalb von nur einem Jahrhundert wiederholen.

Wir sollten in der besorgniserregenden Situation, in der sich unsere Welt heute befindet, Vertrauen haben in unsere jungen Menschen. Wir müssen sie an unseren Fehlern und unseren Erfahrungen aufrichtig teilhaben lassen, sie in jeder Hinsicht unterstützen und an ihre Kraft, ihr Verantwortungsgefühl und ihre Intelligenz glauben.

Ich schließe mit den Worten von Wilhelm von Humboldt:

„Nur wer die Vergangenheit kennt, hat eine Zukunft"

Vielen Dank!

BIOGRAFISCHER VORTRAG

Heiko Suhr

S ehr geehrte Damen und Herren, sehr geehrter Herr Jordan, sehr geehrter Herr Pfarrer Juschka.

Ich freue mich, hier in der Johanneskirche zum zweiten Mal einen Vortrag halten zu dürfen über Wilhelm Canaris, über den Chef des deutschen militärischen Geheimdienstes von 1935 bis 1944, der viele Jahre unweit von hier im heutigen Waldsängerpfad gelebt hat.

Ziel meines kleinen Vortrages soll es sein, die Biografie von Wilhelm Canaris vorzustellen und einzuordnen in den historischen Kontext.

Ich habe mich zehn Jahre mit Wilhelm Canaris - im Rahmen von Studium und Doktorarbeit - beschäftigt. Eine derart komplexe Persönlichkeit wie Wilhelm Canaris kann man kaum angemessen in einem 45-minütigen Vortrag unterbringen. Schön beschrieben hat dies Canaris' Ehefrau Erika schon 1946, deren Worte ich kurz zitieren möchte:

„Es ist ja sehr schwer, wenn nicht unmöglich, das Wesen eines Menschen auf einen Nenner zu bringen, noch dazu das Wesen meines Mannes, dessen Vielfalt außergewöhnlich war. Wenn auf irgendeinen, so passt auf ihn der Spruch: ‚Ich bin kein ausgeklügeltes Buch, ich bin ein Mensch mit seinem Widerspruch.' Er war aber so wunderbar in seinen Tiefen gütiger Menschlichkeit, dass man ihn um seiner Schwächen Willen nur noch mehr lieben musste. Mir war es zuerst sehr schwer, ihn so auf dem Seziertisch der Weltöffentlichkeit zu sehen."

Ich möchte heute trotzdem versuchen, seine Persönlichkeit, seinen Charakter und seine beruflichen Rollen einzuordnen. Bitte haben Sie Verständnis dafür, dass das weder ein vollständiges noch abschließendes Bild sein kann. Es ist eine Annäherung. Und diese erfolgt in zwei Schritten. Erstens möchte ich ausführlich die Ergebnisse meiner Dissertation vorstellen. Der Titel meiner Arbeit lautet „Lehrjahre eines Geheimdienstchefs. Die Marinelaufbahn des späteren Admirals Wilhelm Canaris". Sie sehen also, dass die Arbeit nur die Jahre bis 1935 umfasst. Zweitens möchte ich dann als Ausblick auf mein aktuelles Forschungsprojekt die eigentlich viel spannenderen Jahre ab 1935 mit Leben erfüllen. Also Canaris' Jahre als Chef des militärischen Nachrichtendienstes und als Exponent des nationalkonservativen Widerstands. Standen bei meinem

8: Der Abiturjahrgang von Wilhelm Canaris (stehend, zweiter von rechts)

letzten Vortrag die Jahre ab 1935 im Mittelpunkt, geht es jetzt vor allem um die Jahre bis 1935. Das sind die Jahre, in denen sich Charakter, Persönlichkeit und typische Verhaltensmuster von Canaris herausgebildet haben.

Im ersten Schritt werde ich drei Fragen beantworten.

Wer war Wilhelm Canaris 1905, nach dem Abitur?

Wer war Wilhelm Canaris 1918, nach der Urkatastrophe des Ersten Weltkrieges?

Wer war Wilhelm Canaris 1935, unmittelbar vor Übernahme des militärischen Geheimdienstes?

Wer war Wilhelm Canaris 1905? Er war ein typischer Abiturient eines Realgymnasiums aus großbürgerlichem Elternhaus mit einem für die kleine Stichprobe des Duisburger Abiturjahrganges und für seine eigene Familie ungewöhnlichen Berufswunsch: er wollte Marineoffizier werden. Gesamtgesellschaftlich gesehen war er aber geradezu der Prototyp des Seeoffizieranwärters der Jahrhundertwende: großbürgerlich, bildungsbeflissen, technikaffin, ehrgeizig und an einem sozialen Aufstieg interessiert. Somit sind die Gründe für Canaris' Entscheidung, sich als Seekadett bei der kaiserlichen Marine zu bewerben, in der allgemeinen und vor allem auch an der Person des Kaisers festgemachten Marinebegeisterung der Zeit um die Jahrhundertwende zu suchen. Canaris war dementsprechend auch ein in allen Perspektiven typischer Kandidat für einen Seekadetten des Jahres 1905. Wie insgesamt 86 Prozent der Seekadetten war er nichtadeliger Herkunft und sein höchster Bildungsabschluss war das Abitur, über welches 55 Prozent der Rekruten verfügten.

Auch seine Abstammung von einem Industriellen kann als typisch aufgefasst werden, da immerhin ein Viertel der Rekruten Väter aus der Großindustrie hatten. Canaris war demgemäß ein repräsentatives Beispiel für einen Seekadetten aus dem staatstreuen, kultivierten preußischen Bürgertum.

Canaris' Laufbahn in der Marine begann mit einer elfmonatigen Ausbildung auf dem Segelschulschiff „Stein" und einer eineinhalbjährigen Ausbildung in der Marineschule, wovon wiederum das letzte halbe Jahr bei drei Spezialkursen überwiegend praktisch orientiert war. Die Marineschule war naturgemäß stark theorielastig und verlangte den Schülern in über dreißig Wochenstunden ein enormes Pensum ab.

Zusammenfassend kann festgehalten werden, dass Canaris' erste beiden Ausbildungsjahre mit Sicherheit körperlich und auch geistig anspruchsvoller waren als er es aus der Schule und aus dem Elternhaus gewohnt war. Trotz sicherlich vorhandener Einzelfälle ist eine überzogene Härte in diesem Ausbildungsabschnitt aber weder vorgesehen noch angewandt worden.

Wilhelm Canaris wurde dann dem Auslandskreuzer „Bremen" zugeteilt und begab sich dazu auf einem Passagierdampfer an die Ostküste Amerikas. An Bord des Kreuzers wurde er breitgefächert mit dem praktischen Dienst auf einem Kriegsschiff vertraut gemacht.

Der Anteil der Auslandsflotte am Budget der Marine für Schiffseinheiten war aber zu dieser Zeit derart gesunken, dass man Canaris' Jahre auf dem Kleinen Kreuzer als außergewöhnlichen Posten begreifen muss, der ihm – im Gegensatz zu den allermeisten seiner Crewkameraden – fundamental andere Erfahrungen ermöglicht hat. Durch den Wegfall vieler Auslandsposten für junge Offiziere zugunsten einer Stationierung in der Nordsee hatte sich das Weltbild des Offizierskorps massiv gewandelt. Sah man sich auch in Abgrenzung zum Heer als weltoffen, weitblickend und weltgewandt, waren die allermeisten Marineoffiziere bald nicht mehr in der Lage, diesem Anspruch gerecht zu werden. Umso wichtiger zu betonen ist es, dass Canaris diese Erfahrungen sehr wohl gemacht hat.

Nachdem Canaris im September 1908 zum Leutnant zur See befördert worden war, wurde er für ein weiteres Jahr auf dem Kreuzer „Bremen" eingesetzt, und zwar als Adjutant unter dem berühmten Albert Hopman. Nach dem Dienst auf der Ostamerikanischen Station wurde Canaris zur weiteren Ausbildung als Torpedobootskommandant wieder nach Deutschland versetzt.

Über die Zeitspanne von 1910 bis 1911 kann man wenig feststellen. Es dürfte sich zum Großteil um Routinedienste gehandelt haben, um seine Ausbildung voranzutreiben.

Anschließend wurde Canaris Ende 1911 auf den Kleinen Kreuzer „Dresden" versetzt, der sein weiteres Schicksal wie kein anderes Schiff bestimmen sollte. Obwohl der Kreuzer zur Hochseeflotte gehörte, waren bis 1914 wieder zwei längere Auslandseinsätze für Canaris bestimmend. Die „Dresden" war von April bis August 1913 Teil einer deutschen Flotte, die während des Balkankrieges in Konstantinopel stationiert war. Danach nahm Canaris ebenso teil an der Mission der deutschen Marine zur Wahrung deutscher Wirtschaftsinteressen im Rahmen der Revolution in Mexiko.

9: Der Kleine Kreuzer „Dresden" (vor dem Ersten Weltkrieg)

Den Beginn des Ersten Weltkrieges erlebte Wilhelm Canaris auf dem Kleinen Kreuzer „Dresden" dann auch fern der Heimat in Jamaika. Sein Erlebnishorizont war damit zunächst auf den Kreuzerkrieg festgelegt. Es galt, die Handelsschifffahrt der feindlichen Mächte möglichst stark zu stören und Handelsschiffe zu versenken. Außerdem war die „Dresden" als Teil des Geschwaders von Graf Spee an den berühmten Seeschlachten vor Coronel – der ersten größeren Niederlage der Briten zur See seit vielen Jahren – und an der Schlacht bei den Falkland Inseln beteiligt, bei der Spees Geschwader schließlich nahezu komplett zerstört wurde. Die „Dresden" konnte entkommen und sich fast zwei Monate in den unkartierten Gewässern Feuerlands verstecken.

Ab dem 15. Februar 1915 operierte der Kleine Kreuzer dann etwa zweihundert Seemeilen vor der chilenischen Südküste wieder in freien Gewässern. Doch der britischen Aufklärung gelang es bald, die nahezu manövrierunfähige „Dresden" ausfindig zu machen und am 14. März 1915 schließlich auch zu beschießen. Canaris verhandelte an Bord eines britischen Kriegsschiffes schließlich die völkerrechtswidrige Beschießung der „Dresden" und gewann so Zeit, damit sich der deutsche Kreuzer schließlich selbst versenken konnte.

Die Besatzung wurde anschließend auf der chilenischen Insel Quiriquina interniert, womit für die meisten der Erste Weltkrieg ein Ende fand. Canaris gelang aber eine spektakuläre Flucht. Es gelang ihm, in 18 Tagen etwa 2.500 Kilometer von der Westküste Südamerikas per Eisenbahn, zu Fuß und per Pferd Buenos Aires zu erreichen. Dabei musste er u.a. die Anden überqueren. Von Buenos Aires gelangte er schließlich an Bord eines niederländischen Passagierdampfers als Chilene getarnt nach Amsterdam und von dort aus nach Hause.

Entgegen gängiger Darstellungen war Canaris bis zur Selbstversenkung der „Dresden" vor der chilenischen Küste kein dominanter Offizier im Sinn der Gruppendynamik oder gar ein Entscheidungsträger. Canaris war als Adjutant viel eher ein Befehlsempfänger. Entscheidend ist auch, dass Canaris keinen Einfluss darauf hatte, dass die „Dresden" sich in den nahezu unkartierten Gewässern Feuerlands so lange erfolgreich verstecken konnte. Sein Aufstieg begann erst mit der spektakulären Flucht, die wohl vor allem aufgrund seiner fast perfekten Spanisch-Kenntnisse gelang. Die Flucht darf man daher zurecht als „Gründungsmythos" seiner Biografie verstehen.

Von den Auslandskreuzern wurde Canaris nun zum Nachrichtendienst versetzt. Er hatte in Madrid die Aufgabe, ein deutsches Spionagesystem gegen England aufzubauen, wozu u.a. das Ausfragen der aus England zurückkehrenden Seeleute gehörte und auch der Aufbau eines Netzwerkes zur Rekrutierung von Agenten, die nach England geschleust werden sollten. Er hat also Pionierarbeit geleistet, wozu ihm keinerlei praktische Erfahrungen zur Verfügung standen. Dementsprechend muss man das schlussendliche totale Versagen der von ihm geschaffenen Agentennetzwerke in ihrer Arbeit gegen England eher zurückhaltend bewerten. Dazu kommt, dass den Alliierten die Unternehmungen des deutschen

Nachrichtendienstes schon über die abgefangene deutsche Kommunikation fast restlos bekannt gewesen sein dürften. Der Ausfragedienst des feindlichen und neutralen Schiffsverkehrs muss zumindest zeitweilig aber recht zuverlässig funktioniert haben.

Es gelang Canaris auch, die fast unmöglich erscheinende Beobachtung des Schiffsverkehrs in der Nähe Gibraltars vorübergehend ans Laufen zu bringen. Je näher das Kriegsende rückte, desto deutlicher wurde aber, dass die guten Resultate nicht von Dauer waren.

Canaris verließ Spanien schließlich mit geheimen Dokumenten an Bord eines U-Bootes von Cartagena aus zum österreichisch-ungarischen Kriegshafen Cattaro. Dabei wurde das U-Boot von einer französischen Einsatzgruppe beobachtet, die das sehr erfolgreiche deutsche Boot versenken und Canaris gefangen nehmen sollte. Aufgrund von technischen Problemen eines französischen U-Bootes und der recht ungünstig stehenden Morgensonne scheiterte dieser Plan jedoch und Canaris entkam.

Nach dem Ende seines Sondereinsatzes wurde Canaris selbst zum U-Boot-Kommandanten ausgebildet. Er sollte also erneut auf Posten kommen, die nicht so Recht zum Konzept einer Schlachtflotte passten. Wilhelm Canaris spezifische Leistungen als U-Boot-Kommandant sind schwer greifbar. Auf den ersten Blick gehört er mit Sicherheit weder qualitativ – nach der Anzahl der versenkten Tonnage – noch quantitativ – nach der Anzahl

der unternommenen Feindfahrten – zur Elite der
kaiserlichen U-Boot-Fahrer. Bei insgesamt vier Feindfahrten
versenkte er vier feindliche Handelsschiffe. Die
erfolgreichsten Kommandanten versenkten bis zu
zweihundert Schiffe bei bis zu fünfzig Feindfahrten.
Einschränkend hinzufügen muss man aber, dass Canaris
einerseits nur eine Fahrt auf einem Front-U-Boot
unternommen und dabei immerhin vier Handelsschiffe
versenkt hat. Die zweite Feindfahrt galt hauptsächlich dem
Legen von Minensperren vor der afrikanischen Küste. Auf
der dritten Feindfahrt wurde sein Boot von Kiel ins
Mittelmeer überführt und der Handelskrieg stand nur als
sekundäres Ziel im Operationsbefehl. Während der vierten
und letzten Feindfahrt – die Rückführung von UB-128 nach
Kiel – war der Handelskrieg gar untersagt. Dazu kommt,
dass Canaris 1916 während der Hochphase des deutschen
U-Boot-Krieges im Mittelmeer noch gar kein U-Boot-
Kommandant war. Das Kriegsende erlebte Canaris
schließlich in Kiel.

Wer war Wilhelm Canaris 1918? Ganz offensichtlich sah er
sich als Teil einer Elite, und zwar von Beginn seiner
Laufbahn an. Sein Habitus wurde geprägt durch Erziehung,
Bildung und berufliche Sozialisation. Seine
großbürgerliche Herkunft wurde sicherlich anfangs von
adelig-preußischen Elite-Vorstellungen überlagert.
Trotzdem war es so, dass in einer männlich-bürgerlichen
Offizierskarriere dieser Zeit individuelle Leistung, Erfolg
und Fleiß die obersten Ideale verkörperten, denn gerade
als Offizier bot sich durchaus die Chance auf frühe

Selbständigkeit. Bildung war dabei sowohl Voraussetzung als auch ein Wert an sich. Alle diese Werte sind auch für Canaris nachweisbar. Dazu zitiere ich aus einem Brief, den Canaris 1910 an seine Schwester schrieb. Darin heißt es, dass ihn der Dienst an Bord eines Torpedobootes sehr befriedige. „Eine selbständigere Stellung", so schreibt er weiter, „könnte ich in meinem Alter nicht haben." Für seine eigene Zukunft rechnete Canaris – dem Leistungsdenken eines kaiserlichen Marineoffiziers durchaus entsprechend – mit der Versetzung auf ein U-Boot, denn er würde sich sehr freuen, da es doch die Waffe sei, „die noch ganz in der Entwicklung ist, und bei der man vielleicht etwas Selbständiges leisten kann." Er schrieb aber auch, dass er unter den dauernden körperlichen Anstrengungen des Dienstes leide. Canaris verweist hier also gleich auf zwei Schlüsselbegriffe: Selbstständigkeit und Fleiß. Seine Dienstzeugnisse dieser Zeit sprechen eine ähnliche Sprache: Hopman als Kommandant der „Bremen" verwies im Dezember 1909 darauf, dass Canaris „von eisernem Fleiße und unbedingter Zuverlässigkeit" sei. Canaris sei zudem „von sehr guter allgemeiner Bildung und unausgesetzt bemüht, sich in jeder Beziehung zu vervollkommnen." So kann man schlussfolgern, dass Canaris' Laufbahn den zeitgemäßen Professionalismus des wilhelminischen Offizierskorps verkörpert. Der Stand bzw. gelebte adelige Verhaltensweisen waren in der Bedeutung längst hinter Leistung und Können zurückgetreten.

Die ersten dreizehn Jahre von Canaris' Marinelaufbahn kann man nicht als normale Laufbahn beschreiben.

Canaris tat kaum Dienst auf durchschnittlichen Posten einer Hochseeflotte. Wenn er dann doch Teil der Hochseeflotte war, wurde der Routinedienst entweder durch außergewöhnliche Einsätze wie während des Balkankrieges oder der mexikanischen Revolution unterbrochen, oder Canaris kam sich während der Tätigkeit fremd oder gar überfordert vor. Vor allem die im Ersten Weltkrieg gemachten Erfahrungen auf einem Auslandskreuzer, beim Nachrichtendienst in Spanien und auf mehreren U-Booten im Mittelmeer gehören einzeln gesehen schon zu außergewöhnlichen Posten. In der Summe waren die Erlebnisse aber wahrscheinlich nicht nur einzigartig und höchst individuell, sondern sollten den späteren Canaris – ganz bewusst auch den Abwehrchef und Widerständler – massiv prägen.

Insgesamt ist Canaris' Aufstieg im Machtgefüge der kaiserlichen Marine nur bis zu einem gewissen Punkt über die Mitgliedschaft in der Crew von 1905 erklärbar. Sein Aufstieg über diese Möglichkeiten hinaus – zwar nicht dem Rang nach, aber nach Ansehen und Einfluss – erscheint aber nur über spezifische Eigenschaften möglich gewesen zu sein. Hier sind zunächst seine an Bord der „Bremen" und der „Dresden" erworbenen Sprachkenntnisse, seine zumeist außergewöhnlichen Posten und seine überaus prägenden Vorgesetzten zu nennen. Auffällig ist aber auch, dass Canaris über Talente verfügt hat, die durch die Marine nicht gefördert worden sind. Neben großem diplomatischem Geschick – durch familiäre Sozialisation gefördert – ist hier vor allem auf politisches Verständnis –

eine seiner Aufgaben als Nachrichtendienstoffizier in Madrid – zu verweisen. Canaris entsprach so dem Ideal eines kaiserlichen Seeoffiziers weit mehr als der Durchschnitt. Durch seine spezifische und einmalige Laufbahn bis 1918 war er tatsächlich weitgehend weltoffen und fähig zum Denken in globalen Maßstäben. Er verfügte über politisches Verständnis und hatte in jungen Jahren gelernt, militärische und persönliche Verantwortung zu erstreben und auch auszuüben. Auf der anderen Seite war Canaris aber auch fest verwurzelt in typische Verhaltensweisen kaiserlicher Marineoffiziere: So war er auf kameradschaftliches, autoritäres, kaisertreues, antisozialdemokratisches, antikommunistisches und zeittypisch auch latent antisemitisches Denken fixiert.

Kommen wir nun zur Marinelaufbahn von Wilhelm Canaris zur Zeit der Weimarer Republik, zunächst also zu Canaris' Wirken in der revolutionären Zeit mit seinen Folgeerscheinungen bis etwa 1924. Nach einem kurzen Urlaub kehrte er Mitte Januar 1919 nach Kiel zurück. Dort herrschte immer noch ein großes Durcheinander fernab der gewohnten militärischen Disziplin. Canaris fand bald in Wilfried von Loewenfeld einen ersten Ankerpunkt. Diesem half er bei dem Versuch der Wiedererlangung der militärischen Macht der Seeoffiziere. Nach Angaben von Loewenfeld schlug Canaris ihm dann vor, eine eigene Truppe aufzustellen. Canaris ist in diesem Sinn als Initiator einer Marinebrigade anzusehen. Von ihm ging der Impuls zur Gründung aus. Darüber hinaus war es auch Canaris, der in Begleitung von Loewenfeld im Februar 1919 in

Berlin die offizielle Erlaubnis zur Aufstellung der Marinebrigade besorgt hat. Der Weg zu dieser Erlaubnis sollte den weiteren Werdegang von Canaris determinieren, denn er fand im Reichsmarineamt für die von ihm erdachten Pläne keinerlei Rückhalt. So musste Canaris zwangsläufig auf die Unterstützung von politischen Konterrevolutionären wie Waldemar Pabst setzen. Canaris' eigene Motive waren zu dieser Zeit aber alles andere als politisch motiviert und sind allein als militärische Maßnahme zu werten.

Canaris' zweite wichtige Etappe der revolutionären Zeit war seine Rolle bei der Vertuschung der Morde an Rosa Luxemburg und Karl Liebknecht sowie bei der Flucht von Kurt Vogel, dem vermeintlichen Mörder Rosa Luxemburgs. Erst durch seine Verbindungen zu Pabst fand Canaris – wohl eher zufällig – Kontakte zu diesem Milieu.

Canaris gilt bisher sowohl als zentrale Figur bei der Vertuschung der Morde als auch als Befreier von Kurt Vogel aus der Haft. Meine Dissertation zeigt aber, dass daran erhebliche Zweifel bestehen. Kontakte zu den Angeklagten im Gefängnis lassen sich kaum nachweisen. Eine aktive Rolle während des Prozesses hat Canaris nicht gespielt. Dennoch ist es möglich und auch wahrscheinlich, dass Canaris als relativ unauffälliger Vermittler für Waldemar Pabst fungiert hat. Dass er den Morden und auch der Befreiungsaktion ideologisch nahegestanden hat, kann aber aufgrund seiner beruflichen Sozialisation als zeittypisch gelten. Canaris war genauso wenig Vertreter einer unabhängigen Justiz wie alle anderen Beteiligten. Seine Handlungen waren zutiefst von einem kameradschaftlichen Verständnis geprägt, sodass er sich über die Grenzen des Legalen hinaus für andere Offiziere eingesetzt hat. Dass er im Dienst von Waldemar Pabst stand und somit Teil der Vertuschung war ist unstrittig. Konkrete Anschuldigungen sind aber nicht nachweisbar.

War Canaris zunächst – an allen Instanzen der Bürokratie vorbei und allein durch persönliche Loyalität zu Loewenfeld und Pabst gebunden – eine Art Lobbyist für die Marinebrigaden, erfolge spätestens zum Jahreswechsel 1919/1920 ein deutlicher Umschwung. Er war fortan im Stab von Reichswehrminister Noske tätig und hatte dort alle Fragen rund um die Marinebrigaden zu bearbeiten. An seiner praktischen Tätigkeit dürfte sich daher nichts geändert haben und auch die Netzwerke, in denen er sich bewegt hat, sind wohl dieselben geblieben. Somit ist Canaris als die zentrale Figur bei der Koordinierung der Zusammenarbeit zwischen Marinebrigaden und Reichswehr bzw. Reichsmarine anzusehen. Für Canaris war seine neue Stellung bei Noske trotzdem in vielerlei Hinsicht eine Klärung offener Fragen und das Ende seiner Orientierungslosigkeit. Wusste er vorher weder geographisch noch psychologisch, wo seine dienstliche, private oder innere Heimat war, boten sich ihm nun Konstanten: Der Sozialdemokrat Noske als legitimer Teil der Staatlichkeit, Berlin als fester Dienstort mit der Möglichkeit, endlich mit seiner Ehefrau zusammenzuleben und schließlich und vor allem das Gefühl, offiziell und mit klaren Richtlinien dem Staat zu dienen und nicht unter Ausnutzung sich bietender Möglichkeiten aus Eigeninitiative an Gesetz und Ordnung vorbei das vermeintlich Richtige zu tun. Canaris' wiedergefundene Orientierung sollte aber bald auf eine harte Probe gestellt werden, und zwar im Kapp-Putsch.

Die Verminderung der Reichswehr – auf Basis des Versailler Vertrages – war 1920 das Hauptproblem der Wehrpolitik. Es handelte sich dabei nicht nur um eine rein technische, sondern um eine hochpolitische Frage, weil die Verminderung auch die Auflösung der Marinebrigaden zur Folge haben sollte. Diese Tatsache ebnete nun direkt den Weg zum Kapp-Lüttwitz-Putsch im März 1920. Wie auch immer man das Verhalten Trothas als Chef der Admiralität während der Tage des Putsches auch interpretieren will, bleibt doch die Tatsache stehen, dass nach außen der Eindruck entstand, er habe sich und damit die gesamte Marine in den Dienst des Putsches gestellt.

Canaris war in jenen aufregenden Putschtagen eher zufällig in das Fahrwasser von Trotha geraten, da er diesen auf Wunsch Noskes zur Aufklärung der Zustände der Marinebrigade Ehrhardt begleiten sollte. Dass sich Canaris aber nach Ausbrechen des Putsches seinem Schicksal nicht blind ergeben hat, unterstreicht seinen politischen Instinkt und gibt Aufschluss über sein Loyalitätsverständnis.

Obwohl sein einziger Kristallisationspunkt Noske für ihn unauffindbar war und er mit dessen Absetzung rechnen musste, schloss er sich Trotha nicht bedingungslos an, sondern sondierte auf eigene Faust die Lage. Er erkannte die aussichtslose Lage der Putschisten und das völlige Chaos im Berliner Regierungsviertel und bemühte sich im Folgenden nicht etwa darum, den Putsch zu stützen, sondern begab sich nach Kiel, um den mächtigen Kieler Stationschef Levetzow als starken Führer in Berlin zu installieren, um so die Ordnung in der Hauptstadt wiederherzustellen. Canaris stand also trotz denkbar schlechten Vorzeichen – die Trennung von Noske, die kurzfristige Anlehnung an Trotha, die Kontakte zu Putschisten wie Pabst sowie das allgemeine Durcheinander – eben nicht auf Seiten des Putsches, sondern bemühte sich um die baldige Wiederherstellung einer stabilen Lage. Dass Canaris umgehend nach dem Putsch nicht wie behauptet in Haft war, sondern zur Konsolidierung der Macht der Offiziere an einen Brennpunkt nach Kiel versetzt wurde, spricht auch deutlich für diese Haltung von Canaris im Sinn der demokratischen Regierung.

Von 1920 bis 1924 folgte für Canaris eine längere Zeit in Kiel. Zum 24. Juli 1920 wurde Canaris Admiralstabsoffizier der Marinestation der Ostsee. Seine Hauptaufgabe dort war das Treffen von vorbereitenden Maßnahmen für den Fall innerer Unruhen.

Ab Sommer 1923 fungierte Canaris als Erster Offizier auf dem Schulschiff „Berlin". Zur Besatzung gehörte neben dem schon bekannten Wilfried von Loewenfeld auch der junge Reinhard Heydrich.

Canaris war an Bord, als erstmals nach Kriegsende wieder ein deutsches Kriegsschiff zu einer größeren Auslandsreise über die Linie Dover-Calais hinaus aufbrechen sollte, und zwar nach Spanien. Ab Mai 1924 brach Canaris schließlich allein zu einer Fahrt nach Japan auf, um dort die laut dem Versailler Vertrag verbotene deutsche Rüstung wieder in Gang zu bringen.

Zum 4. Oktober 1924 begann nun Canaris' wohl spannendste Zeit als Referent in der Flottenabteilung der Marineleitung. Hier kam er nun federführend mit den Geheimrüstungsprojekten der Marine in Kontakt. Diese im Detail vorzustellen ist heute unmöglich, allerdings gibt es einige Konstanten, die ich vorstellen möchte. Ausgangspunkt war der verbotene U-Boot-Bau. Um das Wissen sowohl in technischer Sicht als auch unter dem Aspekt militärischer Verwendung zu erhalten, galt es, U-Boote nach deutschen Plänen und mit deutschen Ingenieuren im Ausland bauen zu lassen und deutsches Personal darauf zu schulen. Die Marineleitung stellte sich zunächst in den Dienst dieser Industrien und verschaffte diesen somit die nötigen Verbindungen ins Ausland. Besonders Spanien bot sich hier an.

Auf Basis der von Canaris gemachten Erfahrungen musste die Marineleitung aber bald erkennen, dass es kaum gelang, in den englisch dominierten Rüstungssektor in Spanien einzudringen. So kam der Spanier Horacio Echevarrieta ins Spiel, der nicht nur hochrangige Verbindungen zu spanischen Regierungsvertretern und ins

Königshaus anbot, sondern auch die Möglichkeit in Aussicht stellte, einen neuen Industriezweig in Spanien zu schaffen, der Werft- und Rüstungsbetrieb vereinen sollte. Damit war das Problem der divergierenden deutschen Wirtschaftsinteressen nicht gelöst.

Canaris hat hier alles versucht, diese Einzelinteressen unter einem Primat der Marineleitung zusammenzufassen. Ihn daher zu einem reinen Lobbyisten einzelner Wirtschaftsvertreter anzusehen, geht völlig fehl. Canaris muss ohne Frage als einer der wenigen Akteure in Spanien betrachtet werden, die das große Ganze im Blick hatten: Die Erfahrungen der deutschen Werft- und Rüstungsindustrien konnten nur dann von Nutzen für die Marineleitung sein, wenn sich alle zusammenfanden unter einem von der Marine vorgegebenen Leitinteresse. Dieses Interesse musste bestimmt sein durch den Gedanken, deutsches technisches Knowhow auf diesem Sektor zu erhalten und weiterzuentwickeln, um im neuerlichen Kriegsfalle baldmöglichst wieder über eine starke Reichsmarine zu verfügen. Dies war die Antriebsfeder, welche Canaris zu unermüdlichen Aktivitäten in Spanien angetrieben hat.

Sichtbare Erfolge der Projekte gab es aber kaum. Das einzige in diesem Rahmen produzierte U-Boot wurde nicht von der spanischen, sondern von der türkischen Marine in Dienst gestellt. Dafür verantwortlich waren vor allem der britisch dominierte Rüstungsmarkt in Spanien und auch die allgemeine politische Entwicklung dort. Es sei an die

Ausrufung der spanischen Republik im April 1931 erinnert, durch die es zu einem entscheidenden Einschnitt in die deutsch-spanischen Rüstungsprojekte kam, sodass viele beabsichtigte Projekte ins Stocken gerieten oder gar nicht erst realisiert werden konnten.

Viel entscheidender war aber, dass sich aus dem in Spanien gebauten U-Boot-Typ der spätere deutsche U-Boot-Typ I A ergab. Die so gebauten und 1936 in Dienst gestellten U-Boote stehen damit in direkter Linie zum in Spanien gebauten Boot. Dem erst durch Canaris ermöglichten spanischen U-Boot kommt also eine wichtige Scharnierfunktion zwischen den deutschen U-Booten des Ersten und des Zweiten Weltkrieges zu.

Canaris muss auch für den Zeitraum von 1924 bis 1928 als typischer Funktionsträger des Weimarer Staates gelten, der mit kaufmännischem, diplomatischem und taktischem Geschick deutsche militärische Rüstungsinteressen vertreten hat. Grunderkenntnis ist also, dass sein Wirken von 1924 bis 1928 – und teils darüber hinaus – eindeutig weder konterrevolutionär noch präfaschistisch war, sondern mit den Zielen der republikanischen Staatsführung nahezu deckungsgleich war.

Es folgten nun sechs Jahre in Wilhelmshaven von 1928 bis 1934, zunächst als Erster Offizier des Linienschiffs „Schlesien", dann als Chef des Stabes der Marinestation der Nordsee und schließlich als Kommandant der „Schlesien". Diese Jahre an der Peripherie in

Wilhelmshaven – mitunter als befestigte Kantine verspottet – mögen als Routinedienst erscheinen. Wichtig zu erwähnen ist aber, dass Canaris in seiner Zeit hier zu einem herausragenden Vorgesetzten mit seltenem Talent zur einfühlsamen Menschenführung wurde. Trotz aller Strenge und den sehr hohen Anforderungen, die Canaris auch im Bewusstsein seines eigenen Könnens von seinen Untergebenen erwartet hat, war er stets ein verständnisvoller, feinfühliger und charakterlich anständiger Vorgesetzter. Seine Zeugnisse belegen dies deutlich. Canaris sei durch eine „abwechslungsreiche Gestaltung des Dienstes" und durch „nie ermüdende, warmherzige Fürsorge für die Besatzung" aufgefallen. Er habe „einen Geist hoher Dienstfreudigkeit und eines starken Vertrauens zwischen Untergebenen und Vorgesetzten" geschaffen, das „einmalig" sei. Die Besatzung „liebe und verehre" Canaris geradezu.

Ein kurzes Intermezzo als Festungskommandant in Swinemünde beendete die eigentliche Marinelaufbahn von Wilhelm Canaris.

Seine schließlich erfolgte Beförderung zum Chef des militärischen Nachrichtendienstes war weder Zufall noch Ausdruck fehlender Alternativen. Canaris war nachrichtendienstlich erfahren, galt – ganz anders als sein Vorgänger Conrad Patzig – als loyaler Anhänger des NS-Staates und war auf Basis seiner Zeugnisse auch ein bestens geeigneter Kandidat, der alle notwendigen Eigenschaften mitbrachte. Er war ein diplomatisch begabter und empathischer Verhandlungsführer mit äußerst ausgeprägter Auslandserfahrung, ein überaus talentierter Netzwerker mit feinem Gespür für Notwendigkeiten und sich bietenden Chancen sowie ein beliebter Vorgesetzter und loyaler Untergebener. Zudem brachte er außergewöhnliche menschliche Eigenschaften mit, die ihn für eine wichtige Führungsfunktion – in der er zudem nicht ausschließlich mit Offizieren, sondern auch mit Zivilisten zu tun hatte – zusätzlich qualifizierten.

Canaris galt trotz hoher Anforderungen, die er an seine Untergebenen stellte, als äußerst beliebter Vorgesetzter.

Wer war Wilhelm Canaris 1935?

Canaris kann kaum als politischer Konterrevolutionär verstanden werden, dem es um die Niederschlagung der Republik und um die Errichtung eines autoritären oder monarchistischen Systems gegangen ist. Er sah den Marineoffizier als Garant eines stabilen Staatswesens an; so war er im Kaiserreich sozialisiert worden und so handelte er in den Jahren der Weimarer Republik.

Canaris muss also als typischer Vertreter einer republikanischen Funktionselite angesehen werden, der dabei auffallend lange im Stabsdienst verwendet worden ist und so seine besonderen und im Kaiserreich begründeten Talente ausbauen konnte. Sein Antikommunismus war nach 1918 zu einer entscheidenden Konstante geworden und prägte Canaris bis 1935.

10: Der Marineoffizier Wilhelm Canaris (1930er Jahre)

Kommen wir nun zum zweiten Teil meines Vortrages.

Die eben beschriebene Persönlichkeit von Wilhelm Canaris bis 1935 soll nun episodenhaft mit einigen Beispielen aus der Zeit von 1935 bis 1945 angereichert werden, die jeweils eine bestimmte Rolle von Canaris' Wirken repräsentieren: Die erste Rolle beschreibt Canaris als Chef des militärischen Nachrichtendiensts. Ich möchte das heute Abend festmachen mit einem Fokus auf den Ostraum, also vor dem Hintergrund des Antikommunismus von Canaris, der gemeinhin als die prägendste Konstante von ihm beschrieben wird. Erste Anhaltspunkte liefert der sogenannte Kommissarbefehl vom Juni 1941. Kurz vor Beginn der Operation Barbarossa legte das Oberkommando der Wehrmacht fest, dass die für die politische Erziehung der Roten Armee zuständigen Offiziere nicht als Offiziere anerkannt würden, dass daher das Völkerrecht nicht gelten dürfe und diese folglich zu liquidieren seien. Widerstand hat es gegen diesen Befehl kaum gegeben. Wilhelm Canaris hat aber offen und schriftlich Protest eingelegt. Darin heißt es: „Gegen die Anordnung besteht nach Ansicht Amt Ausland / Abwehr sowohl von grundsätzlichem Standpunkt als auch wegen der sicherlich eintretenden nachteiligen Folgen in politischer und militärischer Hinsicht schwere Bedenken." Die Bedenken wurden nicht ernst genommen, Keitel als Chef des Oberkommandos notierte lapidar am Rand: „Die Bedenken entsprechen den soldatischen Auffassungen vom ritterlichen Krieg. Hier handelt es sich um die Vernichtung einer Weltanschauung."

Eine wichtige Episode aus dem Vorfeld des Ostfeldzuges fügt sich hier ein. Es ist die Geschichte von Halina Szymanska, der Gattin des letzten polnischen Militärattachés vor dem Zweiten Weltkrieg. Im Sommer 1939 verließ sie mit ihren drei Kindern Berlin zu einem Urlaub in Polen, wo sie nach Kriegsbeginn aber in ein Auffanglager für Flüchtlinge nach Posen kam. Davon erfuhr Canaris, der die Dame von diversen Empfängen in Berlin gut kannte. Er traf sich umgehend mit ihr und organisierte ihre lebensrettende Ausreise in die Schweiz.

Wie von Canaris erwartet, ließ sie sich dort vom britischen Nachrichtendienst anwerben. Schon zu dieser Zeit – also im Winter 1939 – kam es zum ersten Treffen zwischen Szymanska und Canaris in Bern. Die Zusammenarbeit zwischen dem deutschen Admiral und der polnischen Offiziersgattin gehört auch 75 Jahre nach Kriegsende zu den wohl gehüteten Geheimnissen des britischen Geheimdienstes MI6. Durch meine Mitarbeit an der aktuellen Fernsehdokumentation des Berliner Autors Michael Günther werden wir in Kürze Antwort geben, ob Wilhelm Canaris die westlichen Alliierten zu einem Waffenstillstand bewegen wollte.

Canaris musste zwar, als Chef des Nachrichtendiensts in das NS-System eingebunden, die Operation Barbarossa militärisch mit vorbereiten und geheimdienstlich tarnen. Dennoch handelten er und seine Mitarbeiter im Hintergrund gegen die Pläne Hitlers – über verschiedene Kanäle wurden die Briten informiert und gewarnt.

Die zweite Rolle beschreibt Canaris als aktiven Widerstandskämpfer gegen das NS-Regime. Ich kann hier nicht alle seine Aktivitäten gegen den Staat auflisten, er war aber erwiesenermaßen immer wieder auch im Hintergrund an Attentatsplanungen beteiligt. Daher möchte ich mich auf einen Aspekt beschränken. Offenbar war Canaris bis zuletzt gegen ein Attentat auf Adolf Hitler und eher für ein formaljuristisches Gerichtsverfahren. Dafür ist er oft kritisiert worden. Aber was steckt hinter dieser Position? Diese Frage ist mit einem Rückblick auf seinen Dienst im Ersten Weltkrieg zu beantworten, mit seinen einmaligen Erfahrungen.

Der Kreuzerkrieg zwischen den rivalisierenden britischen und deutschen Streitkräften wurde gemeinhin von allen beteiligten Offizieren als ehrenvoll wahrgenommen. Die deutschen und englischen Offiziere kannten und schätzten sich. Der Kampf wurde dann auch als ritterlich interpretiert, als sich stets im völkerrechtlichen Maßstab bewegend. Auch der Einsatz von Canaris für den deutschen Marinenachrichtendienst in Madrid kann als ehrenvoll empfundene Tätigkeit bezeichnet werden. Walter Nicolai, Chef vom Heeresnachrichtendienst IIIb, hat diese Tätigkeit als Herrendienst bezeichnet und meinte damit wohl kaum eine geschlechterspezifische Sichtweise, sondern natürlich einen Ehrenkodex, den auch jeder Nachrichtendienst-Offizier zu erfüllen hatte. Diese Reihe kann man mit Canaris U-Boots-Kommandos fortsetzen. Die Kommandanten sahen sich als Exponenten eines anständigen Krieges, als Ritter der Tiefe.

Canaris Verständnis von Krieg musste also schon bei Kriegsende 1918 ein längst von der Wirklichkeit überholter Anachronismus bleiben. An diesem Bild hat sich bis zu seinem Tod 1945 trotz der Grauen, die Canaris fraglos erlebt hat, nichts geändert. Zu fest war seine Sozialisation als kaiserlicher Marineoffizier, zu prägend waren die einzigartigen Erlebnisse von 1914 bis 1918 und auch die der Revolutionszeit rund um die Morde an Rosa Luxemburg und Karl Liebknecht. Durch diese Schablone muss man blicken, um seine Ablehnung eines Attentats und vor allem seine persönlichen, auch religiösen Hemmungen vor einem solchen Schritt zu verstehen. Die oben zitierten Worte von Keitel zu Canaris Protesten gegen den Kommissarbefehl bestätigen dies vollauf. Die Haltung von Canaris sei eine ritterliche, die – gewissermaßen aus der Zeit gefallen – im Rahmen eines Vernichtungskrieges keine Anwendung mehr finden dürfe.

Die dritte Rolle beschreibt Canaris als Vater einer behinderten Tochter. Eva Canaris wurde am 16. Dezember 1923 als ältere der beiden Töchter von Wilhelm und Erika Canaris in Kiel geboren. Etwa ab ihrem fünften Lebensjahr war sie in Folge einer Meningitis geistig behindert. Sie war ab den frühen 1930er Jahren immer wieder im anthroposophischen Heil- und Erziehungsinstitut für Seelenpflege-bedürftige Kinder im Lauenstein untergebracht. Die Einrichtung sollte aufgelöst werden nachdem das Areal von der Armee requiriert worden war. Es ist eindeutig Wilhelm Canaris zu verdanken, dass der NS-Staat das Anwesen des Lauensteins nicht einfach beschlagnahmen konnte. Canaris war dann für den Umzug des Instituts nach Seewalde und für den Schutz vor der Gestapo mitverantwortlich.

Diese persönliche Rolle – als Vater einer behinderten Tochter im NS-Staat – ist bisher weder als bestimmender Faktor für Canaris' Widerständigkeit noch auf die persönliche Belastung beider Elternteile hin analysiert worden. Wilhelm Canaris war über seinen nachrichtendienstlichen Widersacher Reinhard Heydrich über die NS-Verbrechen und somit auch über die Euthanasie-Pläne stets genau informiert. Kann es für einen Vater ein stärkeres Motiv für fundamentalen Widerstand gegen den Staat geben als die Erkenntnis, dass dieser Staat das Leben seiner Tochter auslöschen wollte? Erika Canaris saß zum Literaturzirkel und gemeinsamen Kaffeekränzchen bei Lina Heydrich. Sie musste dort sitzen, schon allein um die Tarnung gutnachbarschaftlicher Verhältnisse aufrechtzuerhalten. Sie musste aber auch Lina Heydrichs unmenschlichen Äußerungen über behinderte Menschen regungslos über sich ergehen lassen.

Die vierte Rolle beschreibt Canaris als rettende Hand für Verfolgte des Regimes. Bei meinen Recherchen bin ich auf dutzende Geschichten gestoßen von Menschen, die Canaris ihr Leben zu verdanken haben. Mustergültig wird dies deutlich an der Rettungsaktion für Fritz Wisten, dem Leiter des Jüdischen Kulturbundes und Nachbarn von Familie Canaris. Wisten wurde 1890 in Wien als Moritz Weinstein geboren, war lange Jahre in Stuttgart aktiv und kam nach der NS-Machtübernahme nach Berlin. Erstmals wurde er dort 1938 im Zuge der Reichspogromnacht nach Sachsenhausen verschleppt, kam aber bald wieder frei. Wisten lebte mit seiner christlichen Ehefrau und den zwei Töchtern ebenfalls im heutigen Waldsängerpfad und nahm aktiv am Gemeindeleben teil. Während des Konfirmandenunterrichts sollten alle Konfirmanden das schönste und das schlimmste Erlebnis aufschreiben. Eine der Wisten-Töchter schrieb über die Verhaftung ihres Vaters. Daraufhin sprach Walter Heyden, Pfarrer der benachbarten Kirchengemeinde Zehlendorf, sie tief berührt an. Heyden war selbst erbitterter Gegner des NS-Regimes und verdankte die Fortführung seiner Tätigkeit Wilhelm Canaris, der ihn von der Gestapo abschirmte. Heyden berichtete nun der Wisten-Tochter, dass sie sich in jeder Notlage sofort an Familie Canaris wenden solle. Als Fritz Wisten 1942 ein zweites Mal inhaftiert wurde und die Deportation drohte, war es wiederum Canaris, der ihn aus der Haft befreite und ihm mehrfach und eindringlich riet, nach Spanien auszureisen. Dieses Angebot lehnte Wisten ab und lebte stattdessen weiter unter dem Schutz von Canaris in Schlachtensee, wo Wisten in seinem Haus wiederum einen befreundeten jüdischen Künstler versteckte.

Die Töchter von Fritz Wisten haben im persönlichen Gespräch bestätigt, dass Erika Canaris ihnen – wenn sie zusammen mit Eva und Brigitte Canaris spielten – mehrfach versichert habe, dass sie sich jederzeit an sie wenden dürften, wenn sie eines Tages Sorgen hätten.

Ebenso hatte Wilhelm Canaris die Rolle eines zwar oft abwesenden, aber geistig stets treuen, verantwortungsvollen und liebenden Ehemanns und Vaters, der seine Ehefrau in der regelmäßigen Korrespondenz immer wieder mit einfallsreichen und liebevollen Kosenamen ansprach, der für seine Kinder an Weihnachten einen kleinen Engel bastelte und der vor allem seine Familie vor dem Attentat im Juli 1944 rechtzeitig in Sicherheit brachte.

Das Fazit des heutigen Abends ist, dass Admiral Canaris durch mehrere Werte und mehrere vielschichtige Rollen bestimmt wurde. Eine Annäherung an den Kern seiner Persönlichkeit kann nur erfolgen, wenn man den stärksten Wert ermittelt, den oder die Leitwerte. Der Protest gegen den Kommissbefehl und der Verrat des Ostfeldzuges zeigen ebenso wie sein Verhalten als Widerständler, dass bei Canaris ein ritterliches Kriegsbild, ein starkes Berufsethos und seine tiefe Menschlichkeit deutlich stärker ausgeprägt waren als sein Antikommunismus. Sein Wirken für die behinderten Kinder im Lauenstein und für Verfolgte Regimes unterstreichen seine Menschlichkeit, seine Humanität und seinen bedingungslosen Einsatz gegen jede Form von Ungerechtigkeit. Canaris war ein Soldat, Krieg war seine Profession und sein Lebensmittelpunkt. Diesem Leben hat er sich mit großem Erfolg gewidmet. Canaris war stets ein herausragender Marineoffizier. Dennoch – und das ist wohl das Einmalige im Leben von Canaris – hat er sein Handeln stets an Werten ausgerichtet, die stärker waren als jede militärische Sozialisation:

familiäre Bindung, religiöse Werte, ein starkes Moralempfinden und ein großes Verantwortungsgefühl für Familie, Freunde und Kameraden.

Beenden möchte ich meinen Vortrag mit einem zweiten Zitat von Erika Canaris aus dem Jahr 1947 über ihren Ehemann.

„Mein Mann war einzigartig in der teilweise sehr widersprüchlichen Natur seines ganzen Wesens. Selbst in 100 Jahren wird es unmöglich sein, diese Vielfalt auf einen Nenner zu bringen, aber das ist das, was seine Persönlichkeit so faszinierend machte und was verantwortlich für seinen enormen Charme war. Jede Beschreibung seines Wesens wird unvollständig bleiben und wichtige Wesensanteile würden fehlen, wenn man nicht sein unglaubliches Gerechtigkeitsgefühl und seine tiefe, einfach angeborene Herzensgüte, die sich in einer Hilfsbereitschaft dokumentierte und die bis an die Grenze ging und von nachsichtiger Liebe zur Menschheit getragen wurde, beschreibt, und dies trotz seines grundsätzlich pessimistischen Standpunktes der menschlichen Natur."

Vielen Dank für Ihre Aufmerksamkeit.

PERSÖNLICHES NACHWORT

Isabel Traenckner-Probst

Abschließend möchte in großer Dankbarkeit für den reichen Inhalt unserer Veranstaltung noch einmal darauf hinweisen, dass diese Zusammenkunft eine einzigartige Kombination aus religiöser, historischer, persönlicher und internationaler Ebene war.

Es sind ganz eindeutig diese verschiedenen, alle sehr bedeutenden Perspektiven, die dazu beitragen, einen Menschen mit seiner Sozialisation und in seinem Wesen zu beschreiben, wodurch wir sein Handeln ansatzweise nachvollziehbar und begreiflich machen können. Erst die Zusammenführung verschiedener Zugänge zu dem Menschen Wilhelm Canaris und die gemeinsame Betrachtung der dadurch entstehenden sehr unterschiedlichen Sichtweisen werden uns letzten Endes seine Biografie und seine Motivation verstehen und historisch einordnen lassen. Nur so können wir ihn in seiner

Vielschichtigkeit, die viel zu oft als Widersprüchlichkeit fehlgedeutet wurde, verstehen und so erheblich zur Forschung beitragen.

Die Rückführung der persönlichen Gegenstände von Wilhelm Canaris durch den Amerikaner Bill McDonald hat in mehrfacher Hinsicht zu einer Wiedergutmachung geführt. Einerseits handelt es sich um Gegenstände, die Erika Canaris als Erinnerung an ihren Mann nie zurückerhielt. Andererseits handelt es sich um wertvolle historische Dokumente, die eine neue Sichtweise auf das Wirken von Wilhelm Canaris und seine Rolle in der Geschichte ermöglichen.

Bei dieser Veranstaltung ging es nicht nur um eine Wiedergutmachung und Versöhnung zwischen Amerika und Deutschland. Es ging ebenso um die Angehörigen der Familie Canaris, um die Darstellung der Erschütterung einer großen Nachkommenschaft wie um die ehrliche und differenzierte Aufarbeitung der Biografie eines Mannes, der in drei entscheidenden politischen Systemen in Deutschland eine große Rolle gespielt hat, der als Chef des militärischen Nachrichtendienstes zunächst eine hohe Position im nationalsozialistischen System inne hatte, der nachweislich spätestens seit 1938 eine entscheidende Funktion im Widerstand einnahm und dadurch kurz vor Kriegsende mit seinem Leben bezahlen musste.

Die Einordnung der schwierigen Rolle von Canaris in der deutschen Geschichte mit seinen unterschiedlichen

Wirkungsfeldern und seine persönliche Motivation kann immer nur beruhend auf Tatsachen und in Annäherung an die Wahrheit sehr zurückhaltend beurteilt werden, da von ihm keine persönlichen Aufzeichnungen mehr vorliegen. Beweisführende Akten wurden in den letzten Kriegstagen von den Nazis vernichtet.

Es gibt Gründe dafür, dass die Aufarbeitung unserer deutschen Geschichte erst nach einem dreiviertel Jahrhundert von vielen Menschen noch einmal neu ergriffen wird. Die Generation der in den 1950er und 1960er Jahren Geborenen, zu denen auch ich gehöre, ist zwar nicht mehr von den unmittelbaren Folgen des Krieges betroffen, jedoch wirken die von ihren Eltern häufig nicht verarbeiteten Emotionen und Erlebnisse unbewusst seelisch in ihrer Generation weiter.

In den meisten Familien bleibt die Traumatisierung durch den Krieg bis heute seelisch unverarbeitet; zu schwer hatten die unfassbaren Ereignisse des Krieges, die existentielle Not durch Entwurzelung, Armut, Angst, Zerstörung und Verlust die Familien erschüttert, zu schwer lasteten vielleicht auch unbewusste Schuldgefühle auf der Seele, sich nicht rechtzeitig gegen die politischen Entwicklungen aufgelehnt zu haben. Hart musste man gegen sich selbst sein, um nach dem Krieg irgendwie seine seelische Integrität wiederzuerlangen, um sich rasch in die Zukunft und den Wiederaufbau Deutschlands und Europas einzubringen. Dies gelang in den meisten Fällen nur durch Verdrängung, Abspaltung und Isolierung der vielschichtigen Emotionen, die bis in die heutige Zeit immer noch massiv tabuisiert werden.

Kriegskinder wollten ihre eigenen Kinder nicht mit ihren Erlebnissen belasten. Man wünschte eine „bessere Zukunft" für die nachkommende Generation. So konnten sie ihren eigenen Kindern in ihrem seelischen Bedürfnis nach emotionalem Verständnis, bedingungsloser Liebe und individueller Anerkennung oft nur mit der Empathielosigkeit und Härte begegnen, die sie selbst von ihren Eltern erlebt hatten und mit der sie sich während des Krieges und auch danach weiterhin stabilisierten.

Der ehrliche und aufrichtige Dialog zwischen der Kriegsgeneration und ihren Nachkommen wurde vermieden, wodurch sämtliche Gefühle – auch die der Schuld und Scham, Trauer, Wut und Rachegedanken – unbewusst von Generation zu Generation weitergereicht wurden. Bis heute prägt dies unsere Denk- und Verhaltensmuster. Die Kinder der Kriegskinder haben eine große seelische Last zu tragen, die nicht selten mit Depressionen, Lebensängsten, Aggressionen oder tiefen Einsamkeitsgefühlen einhergeht, obwohl es eigentlich keine wirklichen existentiellen oder materiellen Nöte in unserer Gesellschaft gibt. Es ist vielleicht tatsächlich erst in dieser Lebenssituation möglich, dass diese Generation auf der Suche nach den Ursprüngen ihrer Emotionen ist. Erstmals betrachtet sie mit der nötigen eigenen Distanz zum Kriegsgeschehen das individuelle Trauma wie auch die kollektive Schuld.

Außerdem wird die Verantwortung für die Aufarbeitung des kollektiven Schocks in Europa gerade jetzt, ein dreiviertel Jahrhundert nach Kriegsende, von den wenigen noch lebenden Zeitzeugen an die nachfolgende Generation weitergegeben. Der Geist der Vergangenheit wirkt bis heute in uns allen weiter. Es ist mehr denn je notwendig, sich mit den unterschiedlichen Traumata zu beschäftigen, die die Nazis ihren Nachkommen hinterlassen haben. Nur so können wir vielleicht begreifen, wie so viele Menschen indirekt an einem Massenmord mitwirken konnten, sei es auch nur durch Weggucken, Verdrängung und Verleugnung, aus Angst und Unsicherheit. Auch dadurch gelang es den vielen unterschiedlichen Menschen und Gruppierungen im aktiven und passiven Widerstand nicht, wirkungsvoller zu sein.

Seit einigen Jahren erleben wir, dass Aufklärung und Erinnerungen von einigen Gruppen unserer Gesellschaft verleugnet und geradezu missbraucht werden, wodurch Rechtsextremismus, Fremdenfeindlichkeit und Antisemitismus nicht mehr nur Vergangenheit sind. Nur wenn wir die langfristigen historischen Prozesse begreifen, können wir diesen aktuellen Entwicklungen bewusst entgegentreten.

Auch für die Familie Canaris ist es bemerkenswert, welche weitreichende Wirkungen sich durch die unterschiedlichen Erlebnisse im Zweiten Weltkrieg innerhalb der Nachkommen entfalten und potenzieren konnten.

11: Familie Canaris mit Bill McDonald und Tochter Julia vor dem ehemaligen Wohnhaus von Erika und Wilhelm Canaris (Juni 2019)

Dies zeigt die Geschichte unserer Familie, die nicht nur durch die historischen Ereignisse, sondern auch mit dem Schock durch die nicht verarbeitete Ermordung von Wilhelm Canaris seelisch wie blockiert war und alle Fäden zueinander verloren hatte. Erst nach dem Tod von Brigitte Canaris, der letzten direkten Angehörigen von Wilhelm Canaris, haben die Nachkommen der Familie die Aufarbeitung der Geschichte begonnen und nach 74 Jahren wieder zueinander gefunden.

Wir sind sehr dankbar, dass die Veranstaltungen vom 9. April 2016 und vom 14. Juni 2019 durch die Evangelische

Kirchengemeinde in Schlachtensee, Herrn Pfarrer Michael Juschka und Herrn Dirk Jordan (AG Spurensuche) unterstützt wurden.

In herzlicher Verbundenheit,

Isabel Traeuckner-Probst

CPSIA information can be obtained
at www.ICGtesting.com
Printed in the USA
LVHW082307050820
662306LV00003B/386